弟子规

DI ZI GUI

当代新编
DANG DAI XIN BIAN

凌小玲 编著

宁波出版社
NINGBO PUBLISHING HOUSE

前 言

《弟子规》原名《训蒙文》,最初为清朝康熙年间李毓秀所作,李先生在总叙中引用了孔子的一句名言:"弟子入则孝,出则弟,谨而信,泛爱众,而亲仁,行有余力,则以学文。"并以此作为全书的架构划分章节,通过七个层次详细阐述了待人接物、行为处事方面的礼仪规范,以及读书学习的方法。全书三字一句、合辙押韵、朗朗上口,是国学启蒙的经典读物。

追溯《弟子规》的版本源流,会发现《弟子规》的内容在历史流传中,也被人们逐步完善。其中最早期的版本是清代康熙年间李毓秀先生所作,后经乾隆年间的贾存仁修订并将书名改为《弟子规》,同治年间的贺瑞麟(也有人说是光绪年间的张承燮)将《弟子规》编入《清麓丛书》,再次修订。

修改不是批判,而是为了更好地继承和发扬传统文化。《弟子规》原版虽好,但时隔已久,随着世事的变迁,书中有些内容已不适合现代社会。语言学家周有光先生曾说:"复兴华夏文化,重要的不是文化复古,而是文化更新;不是以传统替代现代文化,而是以传统辅助现代文化。"鉴于此,笔者开始了修订工作。

《弟子规·当代新编》是在贾存仁修订版《弟子规》的基础上,通

过探索《论语》,兼以融入现代新理念而修改的"新弟子规"。本书内容包括《弟子规·当代新编》拼音全文、章节注释及译文、名人名言、识字角及小故事。译文中,笔者没有逐字逐句的直译,而是采取意译的方法,同时加以名人名言,便于小朋友更好地理解内容。本书中加入"识字角",采用字谜"拆分"的方法对部分文字进行巧记,以增加识字的乐趣。

由于《弟子规》中的"规"既有规范之意,也有规劝、劝谏的意思,而每个人都是"为人弟者"与"为人子者",因此短短1080字的《弟子规》也可以说是一部"世人谏"。虽然《弟子规·当代新编》以孩子为主要读者,但行为礼仪能贯穿人的一生,如果亲子阅读,相信父母也会得到一些裨益。

《弟子规·当代新编》经过五年的修改历程,数十次的反复易稿,才得以完成。在此,感谢各位前辈及朋友的指导与帮助。笔者才疏学浅,如有修改不当的地方诚望读者朋友们不吝赐教,非常感谢!

#

弟子规 · 当代新编	001
总叙	009
师徒谈理想	011
一、入则孝	013
缇萦救父	020
纯仁送麦	022
凤仪谏姑父	024
佩杰孝母	025
二、出则悌	028
兄弟让国	034
宝珠的父母村	035
三、谨	037
苏东坡的长寿秘方	046
伯玉慎独	047

苏秦还乡 ······ 048

四、信 ······ 051
孟子淡定得失 ······ 058
吕蒙正的"宰相肚量" ······ 059

五、泛爱众 ······ 061
心怀天下的袁隆平 ······ 068
郭子仪不揭人短 ······ 069
贺若父子的人生悲剧 ······ 071

六、亲仁 ······ 073
千金买邻 ······ 075

七、余力学文 ······ 076
孔子学琴 ······ 083
董遇巧用"三余" ······ 084
宋太宗读书 ······ 085

《弟子规》原文 ······ 087
后记 ······ 094

弟子规·当代新编

总叙 zǒng xù

| 弟子规 | 秉圣训 | 首孝弟 | 次谨信 |
| dì zǐ guī | bǐng shèng xùn | shǒu xiào tì | cì jǐn xìn |

泛爱众 而亲仁 有余力 则学文
fàn ài zhòng ér qīn rén yǒu yú lì zé xué wén

幼习礼 德为先 终身益 全家安
yòu xí lǐ dé wéi xiān zhōng shēn yì quán jiā ān

一、入则孝 yī rù zé xiào

父母呼 应勿缓 父母命 行勿懒
fù mǔ hū yìng wù huǎn fù mǔ mìng xíng wù lǎn

父母教 须敬听 父母责 须内省
fù mǔ jiào xū jìng tīng fù mǔ zé xū nèi xǐng

冬则温 夏则清 晨则省 昏则定
dōng zé wēn xià zé qīng chén zé xǐng hūn zé dìng

出必告 反必面 居有常 业有方
chū bì gào fǎn bì miàn jū yǒu cháng yè yǒu fāng

事虽小 勿擅为 苟擅为 子道亏
shì suī xiǎo wù shàn wéi gǒu shàn wéi zǐ dào kuī

物虽小　勿私藏　苟私藏　亲心伤

身有伤　贻亲忧　德有伤　贻亲羞

亲所好　力为具　亲所恶　谨为去

亲所劳　力相助　亲所苦　力相除

亲有过　谏使更　怡吾色　柔吾声

谏不入　悦复谏　敬如常　劳无怨

亲有疾　药先尝　昼夜侍　不离床

嘘寒暖　常相伴　心意诚　菽水欢

行百善　孝当先　仁之本　莫等闲

二、出则悌

兄道友　弟道恭　兄弟睦　孝在中

财物轻　怨何生　言语忍　忿自泯

或饮食　或坐走　长者先　幼者后

长呼人　即代叫　人不在　己即到

称尊长　勿呼名　对尊长　勿炫能
尊长前　声要低　低不闻　却非宜
路遇长　疾趋礼　长者言　视勿移
长予物　即言谢　微鞠躬　双手接
长来访　起相迎　请上坐　把茶敬
长辞别　婉相留　殷相送　勿匆匆
待诸父　如己父　待诸兄　如己兄

三、谨

朝起早　空气鲜　勤锻炼　体魄健
晨洁脸　兼漱口　便溺后　辄净手
发必顺　纽必结　袜与履　俱紧切
置衣履　有定位　勿乱顿　免污秽
衣贵洁　不贵华　贵得体　精神佳

年方少　勿烟酒　健康亏　形象毁
对饮食　勿拣择　食适可　勿过则
对荧屏　勿久视　心智蔽　气血滞
步从容　立如松　坐挺拔　卧似弓
二郎腿　显傲慢　站歪斜　失风范
缓关门　勿有声　宽转弯　勿触棱
执虚器　如执盈　入虚室　如有人
事勿忙　忙多错　勿畏难　勿轻略
斗闹场　绝勿近　邪僻事　绝勿问
将入门　问孰存　将开门　问谁人
福祸转　世无常　路愈艰　心愈强
用人物　须明求　倘不问　即为偷
借人物　及时还　后有急　借不难

四、信

fán yán xíng　yì wéi xiān　jiàn lì wàng　xī kě yān
凡 言 行　义 为 先　见 利 忘　奚 可 焉

huà shuō duō　bù rú shǎo　wéi qí shì　yì míng xiǎo
话 说 多　不 如 少　惟 其 是　意 明 晓

jiān qiǎo yǔ　huì wū cí　shì jǐng qì　qiè jiè zhī
奸 巧 语　秽 污 词　市 井 气　切 戒 之

shì fēi yí　wù qīng nuò　gǒu qīng nuò　jìn tuì cuò
事 非 宜　勿 轻 诺　苟 轻 诺　进 退 错

jiàn wèi zhēn　wù qīng yán　zhī wèi dí　wù qīng chuán
见 未 真　勿 轻 言　知 未 的　勿 轻 传

bǐ shuō cháng　cǐ shuō duǎn　shàn zé tīng　zhì biàn fēn
彼 说 长　此 说 短　善 择 听　智 辨 分

jiàn rén shàn　jí sī qí　zòng qù yuǎn　yǐ jiàn jī
见 人 善　即 思 齐　纵 去 远　以 渐 跻

jiàn rén è　jí nèi xǐng　yǒu zé gǎi　wú jiā jǐng
见 人 恶　即 内 省　有 则 改　无 加 警

ruò yī fu　ruò yǐn shí　bù rú rén　wù shēng qī
若 衣 服　若 饮 食　不 如 人　勿 生 戚

wéi dé xué　wéi cái yì　bù rú rén　dāng zì lì
惟 德 学　惟 才 艺　不 如 人　当 自 砺

wén guò nù　wén yù lè　sǔn yǒu lái　yì yǒu què
闻 过 怒　闻 誉 乐　损 友 来　益 友 却

wén guò xīn　wén yù qiān　zhí liàng shì　jiàn jìn qián
闻 过 欣　闻 誉 谦　直 谅 士　渐 近 前

wú xīn fēi　míng wéi cuò　yǒu xīn fēi　míng wéi è
无 心 非　名 为 错　有 心 非　名 为 恶

guò néng gǎi　kě jī fú　tǎng yǎn shì　zēng yī gū
过 能 改　可 积 福　倘 掩 饰　增 一 辜

五、泛爱众

凡是人　皆须爱　天同覆　地同载
行高者　名自高　人所重　非言高
己有能　勿自私　人所能　勿轻訾
寸有长　尺有短　勿卑己　勿忌人
人不闲　勿事搅　人不安　勿话扰
人有短　切莫揭　人有私　切莫说
道人善　即是善　人知之　愈思勉
恶念生　即化转　放任之　祸进门
善相劝　德皆建　过不规　道两亏
与宜多　取宜少　勿追悔　勿望报
将加人　先问己　己不欲　勿施之
恩欲报　怨欲忘　报怨短　报恩长
人与人　无贵贱　多尊重　常体谅
势服人　心不然　理服人　方无言

六、亲仁

同是人　类不齐　凡俗众　仁者希
果仁者　与天合　心无忧　行无恶
能亲仁　无限好　德日进　过日少
不亲仁　无限害　小人近　百事坏

七、余力学文

不力行　但学文　长浮华　成何人
但力行　不学文　任己见　昧理真
读书法　有三到　心眼口　信皆要
方读此　勿慕彼　全神注　手中书
宽为限　紧用功　工夫到　滞塞通
心有疑　随札记　就人问　求确义
房室清　墙壁净　几案洁　笔砚正

墨磨偏 心不端 字不敬 心先病
列典籍 有定处 读看毕 还原处
虽有急 卷束齐 有缺损 则补之
圣贤书 倍珍惜 常翻阅 福慧提
不良书 屏勿视 蔽聪明 坏心志
勿自暴 勿自弃 圣与贤 可炼致

章节注释及译文

总 叙 (zǒng xù)

弟(dì) 子(zǐ)① 规(guī)　秉(bǐng)② 圣(shèng) 训(xùn)
首(shǒu) 孝(xiào) 弟(tì)③　次(cì) 谨(jǐn) 信(xìn)
泛(fàn) 爱(ài) 众(zhòng)　而(ér) 亲(qīn) 仁(rén)
有(yǒu) 余(yú) 力(lì)　则(zé) 学(xué) 文(wén)

注 释

① 弟子：为人弟者和为人子者。
② 秉：秉承、承接。
③ 弟：同"悌"，敬爱兄长。

> 弟子入则孝，出则弟，谨而信，泛爱众，而亲仁，行有余力，则以学文。 ——《论语》

译 文

《弟子规》是秉承圣人孔子的教诲而编写成的行为礼仪规范之书。

为人子女，首先要孝敬父母，友爱兄弟姐妹；其次说话做事要小心慎重、遵义守信，对大众有爱心，并亲近品行高尚的人；完成作业（或忙完工作）后，如果有多余的时间和精力，就看看书，学习一些有益的知识。

识字角

dì 弟	造字法	象形
	结构	独体
	部首	丷
	总笔画	7画
	组词	兄弟、徒弟、称兄道弟
	巧记	头戴羊角帽，身穿弓字衣，身板站得直，一脚往左踢

zǐ 子	造字法	象形
	结构	独体
	部首	子
	总笔画	3画
	组词	儿子、子女、炎黄子孙
	巧记	生女就是好；孔教孟学里边有

guī 规	造字法	会意
	结构	左右
	部首	见
	总笔画	8画
	组词	圆规、规则、清规戒律
	巧记	大丈夫高见

幼 习① 礼② 德③ 为 先
终 身 益 全 家 安

注 释

① 习:反复地学习、练习,使熟练。
② 礼:由道德观念和风俗习惯而形成的仪节,儒家"五常"(仁义礼智信)之一。
③ 德:广义的德指能顺应自然、社会和人类的客观规律去做事,是道的外在体现。狭义的德一般指良好的品行,不伤害他人,能遵守人们共同生活的规范和准则。

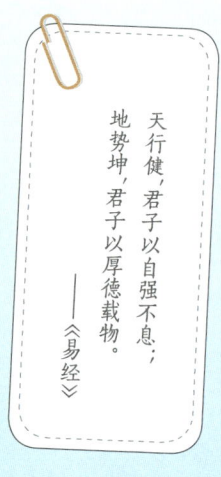

天行健,君子以自强不息;地势坤,君子以厚德载物。
——《易经》

译 文

如果从小学习一些为人处世的礼仪,先建立良好的德行作为立世的根本,这样不仅自己一辈子受益,也能给家人带来安定和幸福。

识字角

quán	造字法	会意
全	结构	上下
	部首	人
	总笔画	6画
组词	全部、保全、全心全意	
巧记	个中三昧;点滴积累方成金	

jiā	造字法	会意
家	结构	上下
	部首	宀
	总笔画	10画
组词	家长、家风、家喻户晓	
巧记	闰女出嫁;飞逐边塞上	

ān	造字法	会意
安	结构	上下
	部首	宀
	总笔画	6画
组词	安定、安心、安之若素	
巧记	生日宴会;宝玉不在姑娘在	

师徒谈理想

孔子是我国著名的思想家和教育家,也是儒家学派的创始人。孔子很尊重学生,常常采用启发式教学法来开导学生的思想和见解。

一天,孔子同学生子路、曾皙、冉有和公西华一起闲谈,让他们说说各自的理想。

子路抢先回答说:"如果有一个装备一千乘兵车的国家,这个国家夹在大国中间,常被侵略,百姓又赤贫如洗,饔飧不继,假如让我来治理它,只要三年光景,就可以人人英勇善战,并且懂得做人的道理。"

冉有接着子路的话说:"假如有一个方圆六七十里的国家让我去治理,三年之后,老百姓就可以富裕起来。至于礼乐教化方面,那就要另请贤人君子了。"

轮到公西华了，公西华谦虚地回答说："我可能没有治理国家的能力，不过，在进行宗庙祭祀或者同诸侯会盟的时候，我愿意穿着礼服，戴着礼帽，做一个小小的司仪。"

最后，只剩曾皙了，曾皙不好意思地说："夫子，我的理想跟他们不一样。"孔子鼓励说："没关系的，不过是各自谈谈心里的愿望罢了。"

于是，曾皙放下瑟，毕恭毕敬地站起身来，说道："我喜欢在阳光和煦的春天里，穿上新衣服，约几个好朋友，带上各自的孩子们，大家一起去沂河划舟游玩，在舞雩台上吹风畅谈，然后高高兴兴地唱着歌儿回家。"

孔子听了他的话，长长地感叹一声说："我的愿望和你的一样啊！"

一、入⁰则孝

父母呼② 应勿缓
父母命③ 行勿懒
父母教 须敬听
父母责 须内省④

注释

① 入：进入。
② 呼：呼唤、叫唤，与"应"相对。
③ 命：指派、吩咐做某事。
④ 省：自我检查思想和行为。

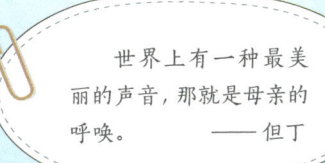

世界上有一种最美丽的声音，那就是母亲的呼唤。　——但丁

译文

听到父母叫唤，就马上回应一声，不要慢吞吞的爱理不理；父母吩咐做某件事情，就立即去做，并尽力做好，不要偷懒拖延。

父母教导时，要恭敬、认真地听；做错了事情被父母责备，要在心里反省。

识字角

fù	造字法	指事
父	结构	独体
	部首	父
	总笔画	4画
	组词	父亲、家父、夸父逐日
	巧记	斧头；爸爸没结巴

mǔ	造字法	象形
母	结构	独体
	部首	母
	总笔画	5画
	组词	母亲、母爱、孟母三迁
	巧记	每人去了；海水空流人不见

hū	造字法	形声
呼	结构	左右
	部首	口
	总笔画	8画
	组词	呼吸、欢呼、千呼万唤
	巧记	张口在乎，向外气出

dōng zé wēn　xià zé qìng
冬则温　夏则清①

chén zé xǐng　hūn zé dìng
晨则省②　**昏则定**③

chū bì gào　fǎn bì miàn
出必告　反④**必面**

jū yǒu cháng　yè yǒu fāng
居有常　业有方⑤

注释

① 清：使……清凉。语出《礼记》："凡为人子之礼，冬温而夏清，昏定而晨省。" ② 省：看望父母。
③ 定：情绪镇静、安稳。 ④ 反：通"返"，回来，回到家。
⑤ 方：目标、志向。语出《论语》："父母在，不远游，游必有方。"

译文

冬天要让父母暖和一点，夏天要让父母凉快一些。早上起床先看望父母，白天尽量少让父母操心，以便他们晚上能安心入睡。

出门前要告知父母一声，回家后也记得面见他们；饮食作息要正常有序、符合自然规律，学业或者事业要有明确的目标（正当的、对社会有益的），并把地址等情况告知父母。

一个人如果使自己的母亲伤心，无论他的地位多么显赫，无论他多么有名，他都是一个卑劣的人。
——亚米契斯

识字角

chū	造字法	会意
出	结构	独体
	部首	凵
	总笔画	5画
组词	杰出、出入、青出于蓝	
巧记	两座高山连成串；岁岁除夕来团圆	

bì	造字法	会意
必	结构	独体
	部首	心
	总笔画	5画
组词	必要、必须、物极必反	
巧记	一箭穿心；泌水流尽	

gào	造字法	会意
告	结构	上下
	部首	口
	总笔画	7画
组词	广告、报告、自告奋勇	
巧记	一口咬掉牛尾巴；先写上面，后写下面	

shì suī xiǎo① wù shàn② wéi
事 虽 小 勿 擅 为
gǒu③ shàn wéi zǐ dào kuī④
苟 擅 为 子 道 亏
wù suī xiǎo wù sī cáng
物 虽 小 勿 私 藏
gǒu sī cáng qīn xīn shāng
苟 私 藏 亲 心 伤

注 释

① 小：细小、微小的，与"大"相对。如刘备的名句"勿以恶小而为之，勿以善小而不为"。

② 擅：超越职权、自作主张。

③ 苟：如果，假使。　④ 亏：缺损、欠缺。

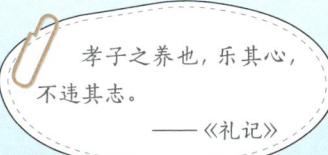

孝子之养也，乐其心，不违其志。
——《礼记》

译 文

即使是很小的事情，也不要任性妄为，如果任性行事，就有损做子女的本分了。

不属于自己的东西，即使很小，也不要偷偷藏起来占为己有，如果这样做了（偷窃的行为），父母知道了一定会很伤心。

识字角

wù	造字法	形声
物	结构	左右
	部首	牛
	总笔画	8画
组词	物品、礼物、格物致知	
巧记	勿要站在牛旁边	

suī	造字法	形声
虽	结构	上下
	部首	虫
	总笔画	9画
组词	虽然、虽则、虽死犹生	
巧记	谷底下面有条虫	

xiǎo	造字法	象形
小	结构	独体
	部首	小
	总笔画	3画
组词	大小、小学、大街小巷	
巧记	尘土飞扬尔无首；一钩钓得两尾鱼	

shēn yǒu shāng　yí qīn yōu
身 有 伤　贻① 亲 忧
dé yǒu shāng　yí qīn xiū
德 有 伤　贻 亲 羞
qīn suǒ láo　lì xiāng zhù
亲 所 劳　力 相② 助
qīn suǒ kǔ　lì xiāng chú
亲 所 苦③　力 相 除④

注释

① 贻：贻累、连累。
② 相：动作由一方来且有一定的承受对象。
③ 苦：痛苦、苦处，为……而苦。
④ 除：除去、消除。

译文

　　如果身体有了伤痛，会让父母担忧；如果德行有所缺失，会让父母蒙羞。
　　父母正在劳作时，要尽力帮忙分担一点；父母的苦处，要尽力帮他们消除。

> 当劳动是种快乐时，生活是美好的；当劳动是种负担时，生活就是奴役。
> ——高尔基

识字角

lì	造字法	象形
力	结构	独体
	部首	力
	总笔画	2画
	组词	力气、努力、身体力行
	巧记	宝刀出鞘；加工成功

xiāng	造字法	会意
相	结构	左右
	部首	木
	总笔画	9画
	组词	相信、相对、相提并论
	巧记	柳眼半舒卿见否；未吐一字泪先流

zhù	造字法	形声
助	结构	左右
	部首	力
	总笔画	7画
	组词	帮助、求助、助人为乐
	巧记	且站一旁，出力帮忙

亲 yǒu guò　　谏 shǐ gēng
亲 有 过　　谏 使 更

yí① wú sè　　róu② wú shēng
怡 吾 色　　柔 吾 声

jiàn bú rù　　yuè fù jiàn
谏 不 入　　悦 复 谏

jìng rú cháng　　láo③ wú yuàn
敬 如 常　　劳 无 怨

注释

① 怡：使……愉快、和悦。
② 柔：使……顺柔、柔和。
③ 劳：操劳、劳心。

> 孝子之有深爱者，必有和气，有和气者，必有愉色，有愉色者，必有婉容。
> ——《礼记》

译文

　　父母有过错，要耐心劝说他们改正，劝的时候要和颜悦色，声音也要顺柔一点。
　　如果父母不接受规劝，仍然要保持愉快的心情，寻找机会再劝，并且要像往常一样尊敬他们，虽然为他们操劳费心，但没有怨言。

识字角

yí	造字法	形声
怡	结构	左右
	部首	忄
	总笔画	8画
组词	怡然、怡悦、心旷神怡	
巧记	一竖，两点，三角，四方，谜底猜中，乐在其中	

wú	造字法	形声
吾	结构	上下
	部首	口
	总笔画	7画
组词	支吾、吾爱、三省吾身	
巧记	净化语言	

sè	造字法	会意
色	结构	上下
	部首	色
	总笔画	6画
组词	出色、角色、和颜悦色	
巧记	绝断丝绸；巴黎岛上一把刀	

017

亲有疾　药先尝①
昼夜侍　不离床
嘘寒暖　常相伴
心意诚　菽水②欢

注释

① 药：本文特指草药，由植物的花蕾、子实、叶茎、根须构成的药材。

药先尝：这是照顾父母的细节，草药熬好后，试尝一下药汤的温度是否适宜服用，以免烫到父母。（注：现代社会除了中药还有西药，不用熬煮。如果是西药，则不能随意尝药，试尝的应是送服药片的水温）

② 菽水：豆和水，比喻普通的食物，也形容生活清苦。语出《礼记》："啜菽饮水，尽其欢，斯之谓孝。"

译文

如果父母生病了，要尽心尽力细心照顾；如果病情加重，更要在床边昼夜服侍，不要轻易离开。

经常问候父母的日常生活，多陪陪他们，只要真心诚意，即使是粗茶淡饭，父母也会很高兴。

> 父母之年，不可不知也。一则以喜，一则以惧。
> ——《论语》

识字角

xīn 心		
造字法	象形
结构	独体
部首	心
总笔画	4画
组词	爱心、关心、小心翼翼
巧记	打断念头；到得秋来总是愁

yì 意		
造字法	会意
结构	上中下
部首	心
总笔画	13画
组词	心意、意思、诗情画意
巧记	知音藏在心；一心牵挂产量上

chéng 诚		
造字法	形声
结构	左右
部首	讠
总笔画	8画
组词	诚信、忠诚、开诚布公
巧记	城西分离，有言依依

xíng bǎi shàn xiào dāng xiān
行 百 善① 孝 当 先

rén zhī běn mò děng xián
仁 之 本 莫② 等 闲③

注释

① 百善：泛指各种好事、善事。百，比喻很多。
② 莫：不能、不要，表示否定。
③ 等闲：轻视、随便。

父母原来树木同，哪能免得落秋风？
劝君尽力生时养，死后悲号总是空。

译文

如果想行善积德，首先就要尽心尽力孝敬父母，这是仁德的根本，不能随便敷衍。

识字角

rén	造字法	会意
仁	结构	左右
	部首	亻
	总笔画	4画
组词	仁义、仁爱、求仁得仁	
巧记	夫人走，他也走；仙山隐没云脚下	

zhī	造字法	会意
之	结构	独体
	部首	丶
	总笔画	3画
组词	总之、反之、一念之差	
巧记	芝麻不长草；乏摘头上帽	

běn	造字法	指事
本	结构	独体
	部首	木
	总笔画	5画
组词	本质、本领、本末倒置	
巧记	要体贴人；未动一笔到下方	

缇萦救父

西汉时期,有个女孩名叫淳于缇萦。她的父亲是一名医生,由于他医术高明,在远近出了名,也引起了某些人的嫉妒。

有一次,父亲遭人诬陷入狱,不久就要押解到京城长安。

临走的时候,小缇萦舍不得父亲,拉着囚车痛哭。父亲叹息道:"唉,可惜你不是男孩啊!"小缇萦听了父亲的话心里更难过了,对父亲说道:"爹爹别失望,虽然我是个女孩,但也会想办法救您的!"于是,她擦干眼泪跟母亲告别,跟随囚车一起西行。

去京城的路途遥远,一路上小缇萦风餐露宿,饿了只能啃几口干粮,吃不好也睡不好,但她不怕苦也不怕累。到了京城,小缇萦听说汉文帝是一位仁君,就向汉文帝上书说:"民女的父亲曾经做过小官,当地的人都说他清廉公平,如今犯了法应当获罪受刑。民女为受刑而死的人不能复生感到悲痛,有

的人侥幸不死但受了刑便不能再长出新的肢体,即使想改过自新,也没办法了。因此,恳请皇上恩准民女做官府中的奴婢以赎父亲的罪过,以使父亲能有重新改过的机会。"

汉文帝觉得她说的有道理,就召集大臣一起商议这件事。大臣们无不赞叹缇萦的孝心和大爱精神,纷纷同意废除"肉刑"。

小缇萦凭着她的勇敢和孝心不仅救了父亲,而且感动朝廷废除"肉刑"的刑罚,救了许多人。后人为了赞扬缇萦,就写诗颂曰:"随父赴京历苦辛,上书意切动机定;诏书特赦成其孝,又废肉刑惠后人。"

纯仁送麦

范仲淹是北宋著名的政治家、文学家,他不仅一生简朴,清廉节俭,而且非常重视家风,在他的教育下,四个儿子也都德才兼备,成为忧国忧民的国家栋梁。

话说范仲淹在睢阳任官时,有一次,让次子范纯仁(后官至宰相)到苏州去买一船麦子。范纯仁买了麦子返回时,经过丹阳,遇见父亲的老朋友石曼卿,得知他因逢亲丧,无钱运柩返乡,于是便想将那船麦子送给石曼卿,让他作回乡的费用。石曼卿连忙推辞说:"那怎么行?你回去怎么向你父亲交代呢?"

范纯仁回答说:"石叔叔您就收下吧,现在最重要的是运灵柩回去,让逝者入土为安。父亲平时常教导我们要救人苦难,如果今天他在这里,他也会这样做的。"

和石曼卿告别后,范纯仁两手空空回到睢阳,

因为没有麦子,不好向父亲交差,他低着头在父亲身旁站了很久,始终未敢提起此事。

范仲淹看到儿子好像有心事,就问道:"你这次到苏州是不是遇到什么事了?"

范纯仁低声回答说:"是这样的,在丹阳遇到了石曼卿叔叔,他有一个亲人去世了,没有钱运灵柩回老家……"

范仲淹立刻着急地说道:"那你为什么不把那船麦子送给他呢?"

范纯仁听父亲说出这话后,心里不由得长长地松了一口气,高兴地回答说:"已经送给石叔叔了!"

在送麦子帮助石曼卿这件事上,纯仁并没有事先请示父亲,但仍然得到了父亲的赞许,原因就在于他能体察父亲的心志。

在现实生活中,父母不一定会时时在身边,很多事也做不到——禀报父母。因此,相对于请示父母,

更重要的是,在体会父母心意的基础上,能有自己临时处事的主见。

凤仪谏姑父

王凤仪是近代著名的民间教育家,以及女子教育的开拓者。

在王凤仪小的时候,家里很穷困,曾经在姑父家打过短工。

姑父是村里有名的孝子,每天把母亲照顾得无微不至,但老夫人还是忧心忡忡的样子。

王凤仪留心观察了一段时间,终于找到了老夫人的心病:原来姑父有一位寡妇姐姐,快六十岁了,由于儿子早亡,因此年老后穷苦无依,就寄居在弟弟家。而凤仪的姑父虽然收留了姐姐,但只让她在柴房里吃饭,以致家里人都看不起她,连小孩子都敢骂她。

王凤仪知道姑父虽然被人称为孝子,但他对母亲的孝,还没尽圆满,于是就寻思着什么时候劝

劝他。

有一天,吃完早饭,姑父又讲起孝道,很得意地向村民述说他平时怎样尽孝。王凤仪觉得机会来了,就说:"我不佩服您老的孝道。"

姑父一下子愣了,因为从来没有人说过他不孝的话,于是就瞪着王凤仪。王凤仪接着说:"女儿是母亲的心头肉,您却叫您的姐姐在柴房吃饭,老夫人看在眼里,心里在擦眼泪呢!您只能孝身,不能孝心,怎么算是真正的孝子呢?"

姑父听了,沉默了一会儿,然后竖起大拇指对王凤仪说:"你说的有道理,这件事我真做得不够好。"于是,马上把姐姐请到上房,与大家一起吃饭。

从那以后,老夫人才开心起来。王凤仪看到姑父一家过着幸福的日子心里也很高兴。

佩杰孝母

孟佩杰是一个苦命的孩子,5岁的时候,父亲因车祸去世,贫苦又患重病的母亲在临死前将佩杰送

人抚养。

养母是一个善良的人,她把小佩杰当成亲生女儿抚养,悉心照顾。不幸的是,三年后养母意外生病,瘫痪在床,什么都做不了。从此,才8岁的小佩杰就开始照顾养母,担起了家里的生活重任。

佩杰每天天不亮就起床了,先帮养母刷牙、洗脸、换尿布,然后做早饭。佩杰个子小,够不到灶台,她就踩在小凳子上生火做饭,不知摔了多少跤,但从没喊过疼。早饭煮熟后,她小心翼翼地一口一口喂养母吃,等养母吃饱后,她才匆匆地扒几口,然后一路小跑去学校。

中午放学了,佩杰又一路小跑回家,给养母喂饭,帮养母擦身子、敷药、按摩。晚上,她也是先喂养母吃完饭,又服侍养母睡觉后,再清洗碗筷、洗衣

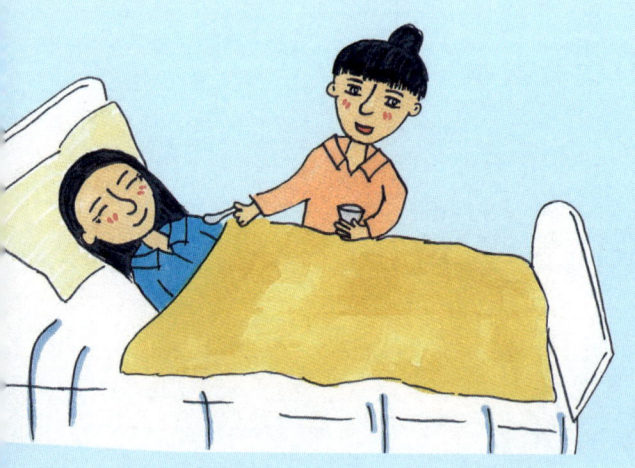

服,等一切收拾完才坐下来做自己的功课。

许多孩子的童年是在开心玩乐中度过的,但佩杰的童年是在照顾养母时"忙碌"过来的。可她从来没有埋怨过,反而经常鼓励养母说:"只要精神不滑坡,办法总比困难多!"

大爱孝为先,小佩杰以自己的真诚孝心和坚忍不拔的精神感动了许许多多的人,被评为2011年度感动中国的十大人物之一!

二、出则悌

兄道友　弟道恭
兄弟睦　孝在中
财物轻　怨①何生
言语忍　忿②自泯③

注释

① 怨：怨恨、仇恨。
② 忿：生气、愤怒、愤恨。
③ 泯：消失、消灭。

> 轻听发言，安知非人之谮诉？当忍耐三思。因事相争，焉知非我之不是？须平心暗想。　——朱柏庐

译文

做哥哥姐姐的要像良师益友那样指导、帮助弟弟妹妹，做弟弟妹妹的要恭敬、尊重哥哥姐姐；兄弟姐妹间如果能和睦相处，也是对父母的一种孝。

如果把财物看得轻淡一些，心里又怎么会有怨恨呢？出现矛盾冲突的时候，务必避免吵架式的"暴力沟通"，再怎么生气说话也要忍着点，这样，心里的愤怒不知不觉就会消失了。

识字角

兄	造字法	会意
xiōng	结构	上下
	部首	口
	总笔画	5画
	组词	兄长、兄台、难兄难弟
	巧记	先上去，后下来；元末明初不统一

道	造字法	形声
dào	结构	半包围
	部首	辶
	总笔画	12画
	组词	道理、道德、志同道合
	巧记	赛跑冠军，为首者先走

友	造字法	会意
yǒu	结构	半包围
	部首	又
	总笔画	4画
	组词	友情、友好、岁寒三友
	巧记	有头没足；一树村落有月出

或①饮食 或坐走
长②者先 幼③者后
长呼人 即代叫
人不在 己即到

注释

① 或：用作虚词，表示列举。
② 长：年纪大或者辈分高的。
③ 幼：年纪较小或者辈分低的。

译文

不管是用餐、入座或者行走，都应礼让长者，晚辈在后。

听到长辈呼唤他人，就立即代为传唤。如果被叫的人不在，就马上回去告知长辈，并看看自己能不能帮忙。

> 挟泰山以超北海，此不能也，非不为也；为老人折枝，是不为也，非不能也。
> ——庄子

识字角

huò	造字法	会意
或	结构	半包围
	部首	戈
	总笔画	8画
	组词	或者、或许、不可或缺
	巧记	建国（國）方略；班超平西域

zuò	造字法	会意
坐	结构	镶嵌
	部首	土
	总笔画	7画
	组词	坐标、坐车、坐井观天
	巧记	从上至下；人人迎十一

zǒu	造字法	会意
走	结构	上下
	部首	走
	总笔画	7画
	组词	行走、走路、不胫而走
	巧记	去华北后，定下之计

称① 尊 长 勿 呼 名
对② 尊 长 勿 炫③ 能
尊 长 前 声 要 低
低 不 闻 却 非 宜

注释

① 称：称呼、叫。
② 对：相对、面对。
③ 炫：炫耀、卖弄。

"尊重别人"并不是圆滑，而是一个人应有的礼貌和谦虚的表现。——罗兰

译文

称呼长辈时，不要直呼他们的名字；在长辈面前，不要炫耀、吹嘘自己的才能。

如果长辈在旁边，和他人讲话或者玩耍就要低声一点（以免吵到长辈），但如果过于小声，以致对方听不见也是不合适的。

识字角

却	造字法	形声
que	结构	左右
	部首	卩
	总笔画	7画
组词	退却、冷却、望而却步	
巧记	前脚刚走；打劫无力即后到	

非	造字法	指事
fēi	结构	穿插
	部首	非
	总笔画	8画
组词	非常、非凡、今非昔比	
巧记	罪该斩首；两把断柄牙刷	

宜	造字法	会意
yí	结构	上下
	部首	宀
	总笔画	8画
组词	适宜、便宜、因地制宜	
巧记	助残出力，献点爱心	

路 遇 长　疾① 趋② 礼
lù yù zhǎng　jí qū lǐ

长 者 言　视 勿 移③
zhǎng zhě yán　shì wù yí

长 予 物④　即 言 谢
zhǎng yǔ wù　jí yán xiè

微 鞠 躬　双 手 接
wēi jū gōng　shuāng shǒu jiē

注释

① 疾：很快，迅速地。
② 趋：快步地走。
③ 移：移动、飘移。
④ 物：物品，泛指各种东西。（注："东西"亦可作方位名词）

译文

　　在路上遇到长辈，要快步向前行礼问好；如果长辈说话，应认真聆听，不要东张西望。

　　如果长辈给东西，不管接受还是拒绝，都要马上道谢；如果接受，则应稍微鞠躬，双手接过来。

礼貌周全不花钱，却比什么都值钱。
——塞万提斯

识字角

jí	造字法	会意
即	结构	左右
	部首	卩
	总笔画	7画
	组词	即使、即将、一触即发
	巧记	柳中折得把赠聊

yán	造字法	指事
言	结构	独体
	部首	言
	总笔画	7画
	组词	语言、寓言、流言蜚语
	巧记	信中无人；致敬报警

xiè	造字法	形声
谢	结构	左中右
	部首	讠
	总笔画	12画
	组词	感谢、凋谢、新陈代谢
	巧记	言传身教，寸步不离

长来访 起相迎
请上坐① 把茶敬
长辞别 婉相留
殷②相送 勿匆匆

注释

① 上坐：即"上座"，最尊的席位。
② 殷：热情、周到。

> 美德是精神上的一种宝藏，但是使它生出光彩的则是良好的礼仪。
> ——约翰·洛克

译文

如果长辈来作客，要站起来上前迎接，请长辈坐在尊贵的座位，然后敬上茶水。

当长辈提出告辞时，应先委婉地挽留一下，如果长辈确实要走，就热情地送一程。不要长辈刚提出告辞就马上送客，或者长辈刚转身，自己就马上折回来，这样急匆匆的样子，也是不够礼貌的。

识字角

bǎ 把			cha 茶			jìng 敬		
造字法	形声		造字法	形声		造字法	会意	
结 构	左右		结 构	上下		结 构	左右	
部 首	扌		部 首	艹		部 首	攵	
总笔画	7画		总笔画	9画		总笔画	12画	
组词	把式、把握、投机倒把		组词	茶叶、茶花、粗茶淡饭		组词	敬礼、尊敬、相敬如宾	
巧记	徒手抓巴蛇		巧记	人在草木中		巧记	句子载草帽，反文来依靠	

<pre>
dài   zhū   fù   rú   jǐ   fù
待①   诸②   父   如   己   父
dài   zhū   xiōng   rú   jǐ   xiōng
待   诸   兄   如   己   兄
</pre>

注释

① 待：对待。
② 诸：众多，许多。

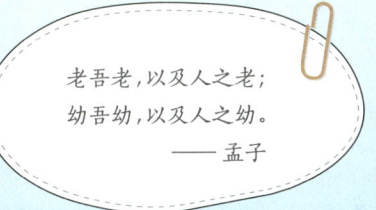

老吾老，以及人之老；
幼吾幼，以及人之幼。
——孟子

译文

对待同族的伯叔和他人的父辈，要像对待自己的父亲一样；对待堂兄或者他人的兄辈，要像对待自己的兄长一样。

识字角

zhū	造字法	形声
诸	结构	左右
	部首	讠
	总笔画	10画
	组词	诸侯、诸多、反求诸己
	巧记	言者聚一起；通告即日高考

rú	造字法	会意
如	结构	左右
	部首	女
	总笔画	6画
	组词	如果、如实、一如既往
	巧记	千金方；恕我无心

jǐ	造字法	象形
己	结构	独体
	部首	己
	总笔画	3画
	组词	自己、知己、克己复礼
	巧记	爱妃无女；排除妒忌心

兄弟让国

寿梦是春秋时期吴国的国王,他的四个儿子不仅聪慧仁德,而且和睦相处、互谦互让。

季札是寿梦最小的儿子,也是最有德行的,寿梦非常想把王位传给他。长兄诸樊知道了,丝毫没有嫉恨父王的"偏心",反倒主动把治理国家的重任让给弟弟季札,但季札不肯接受,他觉得哥哥继承王位才是天经地义的,他愿意辅助哥哥。

由于诸樊一心想把王位让给季札,季札为了彻底打消哥哥的想法,就隐居山水之间,不再问世事,以表明他的决心。

见到季札如此明志,诸樊只好继承了王位,但他心里一直惦记着弟弟季札。许多年过去了,诸樊临终前没有把王位留给他的儿子们,而是留

下遗训,将王位依次传给几位弟弟,这样王位最终就能传到幼弟季札的手里。

按照遗训,在诸樊去世后,二哥余祭成为吴王。余祭去世后,三哥夷昧成为吴王。夷昧临终前,按照哥哥诸樊的遗训,要把王位传给季札,被季札再次拒绝了,并且再次退隐山野。

虽然季札最终没有继承王位,但他们兄弟让国的故事却代代流传了下来。

宝珠的父母村

张宝珠出生于湖北一个偏僻的乡村,贫寒的家境使她自幼懂得惜老怜贫。

高中毕业后,她在一家医院当护工。为了护理好病人,她自费学护理,掌握了专业的护理技能。结婚后,父母及婆婆相继中风瘫痪,都是她在床前悉心照顾。

1998年的一天,她到隔壁刘爹爹家办事,看到70多岁的刘爹爹中风瘫痪在床,身上长满褥

疮，臭气熏人，床上还有一只不知死了多久的老鼠。善良的张宝珠看到这个情景心里酸楚了很久，忽然，一个念头像流星一样划过心头——创办一个"父母村"，把这些需要照料的老人聚集到一起，像对待父母一样照顾，让老人活得有尊严、体面、幸福，安享晚年。

张宝珠想到就做，她租了套三室一厅的房子，办起了"父母村"福利院，用她的真情真意赢得了老人们的心，"父母村"成了老年人颐养天年的乐园。她曾照顾了4000多名老人，有2000多名老人安详辞世，许多痴呆、半身不遂的老人在她的精心照顾下活得舒适、有尊严。

常言道，久病床前无孝子，但张宝珠却用自己的真诚和爱心，无怨无悔地侍奉着"父母村"的老人，谱写了一曲"久病床前有孝女"的人间爱心之歌。

无独有偶，活了一百多岁的新加坡"国宝"许哲女士，也创办了多所养老病院，并终身致力于慈善事业。当记者问她"你帮助这么多人，内心有什么感受"时，许哲女士说："我们都是兄弟姐妹，我哪是在帮助'别人'呢？！"

三、谨

朝(zhāo) 起(qǐ) 早(zǎo)　空(kōng) 气(qì) 鲜(xiān)

勤(qín) 锻(duàn) 炼(liàn)　体(tǐ) 魄(pò)① 健(jiàn)

晨(chén) 洁(jié) 脸(liǎn)　兼(jiān) 漱(shù) 口(kǒu)②

便(biàn) 溺(niào)③ 后(hòu)　辄(zhé)④ 净(jìng) 手(shǒu)

注 释

① 体魄：体格和精力。

② 漱口：利用液体清洁口腔。在古代，人们常用清水或者淡茶水漱口。

③ 溺：旧同"尿"，排泄小便。

④ 辄：就。如：浅尝辄止。

能控制早晨的人，方可控制人生。
——南怀瑾

译 文

清晨要早起，趁着空气新鲜勤锻炼，身体才会更加健康、强壮。

起床后，务必先刷牙、洗脸；大小便后，要及时把手洗干净，养成良好的卫生习惯。

识字角

zhāo	造字法	会意
朝	结构	左右
	部首	月
	总笔画	12画
	组词	朝阳、朝霞、朝气蓬勃
	巧记	左边20日，右边30天

qǐ	造字法	形声
起	结构	半包围
	部首	走
	总笔画	10画
	组词	起来、起立、闻鸡起舞
	巧记	起前不赶后，发配前方去

zǎo	造字法	会意
早	结构	上下
	部首	日
	总笔画	6画
	组词	早上、早安、早出晚归
	巧记	草上飞；太阳照田间

发 必 顺　纽 必 结
fà　bì　shùn　niǔ　bì　jié

袜 与 履①　俱② 紧 切③
wà　yǔ　lǚ　jù　jǐn　qiè

置 衣 履　有 定 位
zhì　yī　lǚ　yǒu　dìng　wèi

勿 乱 顿　免 污 秽④
wù　luàn　dùn　miǎn　wū　huì

注释

① 履：鞋子。
② 俱：全、都。
③ 紧切：重要。
④ 秽：污脏、不干净。

小事成就大事，
细节成就完美。

译文

头发要理顺，纽扣要扣好，袜子和鞋子也是很重要的，要穿好袜子系紧鞋子，不能随便马虎。

衣服和鞋袜要放在固定的位置，不要到处乱放，以免弄脏。

识字角

miǎn	造字法	会意
免	结构	上下
	部首	𠂉
	总笔画	7画
	组词	避免、未免、在所难免
	巧记	兔子差点不见了； 日落西边为时晚

wū	造字法	形声
污	结构	左右
	部首	氵
	总笔画	6画
	组词	污染、贪污、同流合污
	巧记	幸亏有水； 一道清流经南粤

huì	造字法	形声
秽	结构	左右
	部首	禾
	总笔画	11画
	组词	污秽、秽气、自惭形秽
	巧记	一半秋山带夕阳； 夕贬岭南路八千

衣 guì① 洁　不 贵 华
贵 得 体　精 神 佳
年 方 少　勿 烟 酒
健 康 亏②　形 象 毁③

注释

① 贵：注重，以……为贵。
② 亏：亏损、亏虚，身体或者容貌受到损伤。
③ 毁：毁损、破坏。

译文

穿衣注重的是干净整洁，而不是华丽名牌，只要得体大方，精神面貌好，就能给人留下好印象。

年纪还小，不要吸烟喝酒，如果吸烟，会影响身体健康；如果醉酒后丑态百出，平时的良好形象就被毁掉了。

养生之道，重在养神；养神之要，重在养德。德行不全，纵服玉液金丹，未能延寿。
—— 孙思邈

识字角

jīng	造字法	形声
精	结构	左右
	部首	米
	总笔画	14画
组词	精神、精力、精益求精	
巧记	一来二去动情心；放晴之日一定来	

shén	造字法	会意
神	结构	左右
	部首	礻
	总笔画	9画
组词	神气、神态、聚精会神	
巧记	统一中心先祖安	

jiā	造字法	形声
佳	结构	左右
	部首	亻
	总笔画	8画
组词	佳人、佳作、渐入佳境	
巧记	闺中人侧立；内街有人来	

对饮食 勿拣择①
食适可 勿过则②
对荧屏③ 勿久视
心智蔽④ 气血滞⑤

注释

① 择：挑拣、挑选。　② 则：准则，界限。
③ 荧屏：亦称"银屏"，电视的屏幕，文中泛指电视、电脑或手机等电子产品。
④ 蔽：堵塞，蒙蔽。　⑤ 滞：凝积，不流通。

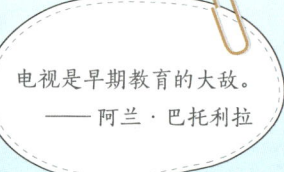

电视是早期教育的大敌。
——阿兰·巴托利拉

译文

对饮食不要挑剔、偏食，也不要吃得过饱；如果饮食过量，会增加肠胃的负担，危害身体健康。

对于电视或手机、电脑等电子产品，不要看太久。如果看太久，不仅会影响心志和智力，还会阻碍气血的流通，引发身体的其他疾病。

识字角

shí 食	造字法	会意
	结构	上下
	部首	食
	总笔画	9画
	组词	粮食、食品、废寝忘食
	巧记	人之初，性本善；大娘无一女

shì 适	造字法	形声
	结构	半包围
	部首	辶
	总笔画	9画
	组词	合适、适应、适可而止
	巧记	千古不解之谜，迁入一口求其宜

kě 可	造字法	会意
	结构	半包围
	部首	口
	总笔画	5画
	组词	可爱、可以、无可厚非
	巧记	骑来驮去；河水干涸

<ruby>步<rt>bù</rt></ruby> <ruby>从<rt>cóng</rt></ruby> <ruby>容<rt>róng</rt></ruby> <ruby>立<rt>lì</rt></ruby> <ruby>如<rt>rú</rt></ruby> <ruby>松<rt>sōng</rt></ruby>

<ruby>坐<rt>zuò</rt></ruby> <ruby>挺<rt>tǐng</rt></ruby> <ruby>拔<rt>bá</rt></ruby> <ruby>卧<rt>wò</rt></ruby> <ruby>似<rt>sì</rt></ruby> <ruby>弓<rt>gōng</rt></ruby>①

<ruby>二<rt>èr</rt></ruby> <ruby>郎<rt>láng</rt></ruby> <ruby>腿<rt>tuǐ</rt></ruby>② <ruby>显<rt>xiǎn</rt></ruby> <ruby>傲<rt>ào</rt></ruby> <ruby>慢<rt>màn</rt></ruby>

<ruby>站<rt>zhàn</rt></ruby> <ruby>歪<rt>wāi</rt></ruby> <ruby>斜<rt>xié</rt></ruby> <ruby>失<rt>shī</rt></ruby> <ruby>风<rt>fēng</rt></ruby> <ruby>范<rt>fàn</rt></ruby>

注释

① 卧似弓：侧卧而睡，身体像弓一样稍微弯曲，据说有利于解除疲劳和大脑的放松，如果往右边侧卧有利于胃内食物向肠内输送。

② 二郎腿：坐着的时候将一条腿放在另一条腿上面。

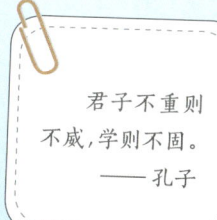

君子不重则不威，学则不固。
——孔子

译文

走路时要从容大方，站立时要像松树一样挺拔，坐着的时候腰要挺直，睡觉时侧卧，像弓那样稍微弯曲。

如果跷二郎腿，就会给人留下傲慢的印象；如果站得歪歪斜斜，就会让人觉得吊儿郎当，有失形象。

识字角

bù	造字法	会意
步	结构	上下
	部首	止
	总笔画	7画
组词	脚步、散步、步步高升	
巧记	干涉；一生正派少缺点	

cóng	造字法	会意
从	结构	左右
	部首	人
	总笔画	4画
组词	从前、服从、从善如流	
巧记	人才出众；春分三日有人来	

róng	造字法	会意
容	结构	上下
	部首	宀
	总笔画	10画
组词	容易、宽容、音容笑貌	
巧记	小谷回家了；家里卖猪买谷粮	

缓①关门 勿有声
宽②转弯 勿触棱
执虚器 如执盈③
入虚室 如有人

注释

① 缓：缓缓、缓慢，与"急"相对。
② 宽：宽广、宽阔，与"窄"相对。
③ 盈：充满、盛满。

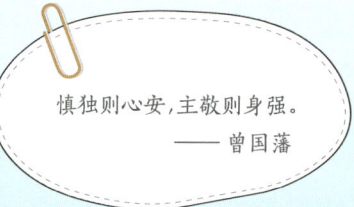

慎独则心安，主敬则身强。
——曾国藩

译文

关门时动作要轻缓一点，以免响声吵到他人；转弯的时候，要把余地留多一点，以免碰到物品的棱角。

拿空的器具，要像拿着里面盛满东西的器具一样；进入无人的房间，要像房间里有人一样。

识字角

kuān	造字法	形声
宽	结构	上下
	部首	宀
	总笔画	10画
	组词	宽广、宽度、心宽体胖
	巧记	干涉；宝玉走了，只见草帽

zhuǎn	造字法	形声
转	结构	左右
	部首	车
	总笔画	8画
	组词	转让、转移、目不转睛
	巧记	专车；传人离开，开车前来

wān	造字法	形声
弯	结构	上下
	部首	弓
	总笔画	9画
	组词	弯曲、拐弯、转弯抹角
	巧记	一路盘旋下山峦

事勿忙① 忙多错
勿畏②难 勿轻略③
斗闹场 绝勿近
邪僻④事 绝勿问

注释

① 忙：赶快、急迫地做。
② 畏：害怕。
③ 轻略：草率粗心。
④ 邪僻：荒诞怪异、不正当的。

好奇心可以成就一个人，也可以毁掉一个人。

译文

做事情不要匆忙慌张，因为忙乱容易出错；不要害怕困难，也不要草率马虎。

那些容易引起斗殴哄闹的场所，绝对不要靠近；那些荒诞、怪异的事情，也不要好奇去打听。

识字角

máng	造字法	形声
忙	结构	左右
	部首	忄
	总笔画	6画
组词	急忙、匆忙、忙里偷闲	
巧记	盲目外流悔当初	

duō	造字法	会意
多	结构	上下
	部首	夕
	总笔画	6画
组词	多少、许多、变化多端	
巧记	一夜又一夜；夜来犹记少林梦	

cuò	造字法	形声
错	结构	左右
	部首	钅
	总笔画	13画
组词	过错、交错、错落有致	
巧记	古币；铁头出击,措手不及	

将入门 问孰①存②
将开门 问谁人
福祸转③ 世④无常⑤
路愈艰 心愈强

注释

① 孰：疑问代词，谁。如：人非圣贤，孰能无过？
② 存：在里面。
③ 转：转化、变化。　④ 世：现实生活。
⑤ 无常：人生的际遇变幻不定，难以预测。语出《周易》："上下无常，非为邪也。进退无恒，非离群也。"

> 每一个困境的背后，都隐藏着一份人生的礼物。

译文

进入他人房间之前要先敲门，问问有没有人在；如果自己在家，听到有人敲门，要先确认来者，然后再开门。

福祸是会相互转化的，世事也变幻难测；但人生的道路越是艰难坎坷，心里就越要坚强。

识字角

shì 世	造字法	指事
	结构	独体
	部首	一
	总笔画	5画
	组词	世界、世人、世外桃源
	巧记	草头藏在西南角；欲泄千里无水来

wú 无	造字法	会意
	结构	独体
	部首	无
	总笔画	4画
	组词	无论、无限、举世无双
	巧记	青芜草枯；举手抚之

cháng 常	造字法	形声
	结构	上下
	部首	巾
	总笔画	11画
	组词	经常、常识、家常便饭
	巧记	脱下裳衣披丝巾；欣赏上面带来下面

用^①人物 须明^②求
倘^③不问 即为偷
借人物 及时还^④
后有急 借不难

注释

① 用：使用、借用。
② 明：公开，不隐蔽。
③ 倘：倘若、如果。
④ 还：送回、归还。

> 走正直诚实的生活道路，
> 定会有一个问心无愧的归宿。
> ——高尔基

译文

　　使用别人的物品前，一定要明确地提出请求。如果不经别人的同意就私自使用或者拿走，那就是偷窃的行为了。

　　借用的物品，要倍加爱惜，并及时归还；做人有诚信，以后若需急用，再借就不难了。

识字角

xū	造字法	会意
须	结构	左右
	部首	彡
	总笔画	9画
	组词	必须、胡须、巾帼须眉
	巧记	三页纸；几缕青丝垂前额

míng	造字法	会意
明	结构	左右
	部首	日
	总笔画	8画
	组词	明确、明白、深明大义
	巧记	晴一半，阴一半；太阳月亮交朋友

qiú	造字法	象形
求	结构	独体
	部首	一
	总笔画	7画
	组词	请求、祈求、缘木求鱼
	巧记	脱下裘衣；球王不在

小故事

苏东坡的长寿秘方

苏轼,世人亦称苏东坡,是北宋著名的文学家、书画家,同时他在养生上也很有研究。

一天,有一位朋友向苏东坡请教健康长寿的秘方,东坡哈哈一笑说:"这简单,养生长寿古方,其药只有四味而已。"随之挥毫潇洒写下四味药:"无事以当贵,早寝以当富。安步以当车,晚食以当肉。"

"无事以当贵",是劝告我们不要过分在意功名利禄和荣辱得失,尽量做到"不以物喜不以己悲",保持一颗平和之心,对身体的健康大有好处。

"早寝以当富",是指养成不熬夜、早睡早起的作息习惯,充足的睡眠是

人体养气血、修复机体的重要保证。

第三句"安步以当车",指人不要过于贪图安逸,而应多以步行来替代乘车,多运动才可以强健肢体、通畅经络。

第四句"晚食以当肉",饥饿了以后再进食,即便是粗茶淡饭,其香甜可口会胜过山珍海味。饥饿说明体内食物已经完成代谢,这时吃饭既能品味食物的美味,又满足身体的需求。

苏东坡的四味"长寿药"实际上是强调了情志、睡眠、运动、饮食四个方面对健康长寿的重要性,这种观点即使在今天仍然值得我们借鉴。

伯玉慎独

蘧伯玉是春秋时期卫国有名的贤大夫,他不仅饱读经书,精通各种学问,而且外宽内直,对自己的品行要求也非常严格。

有一天晚上,蘧伯玉到外面办事,很晚才坐马车回来,经过宫门的时候,他挥手叫车夫停车(按古

礼,臣民乘车过宫门要下车步行),车夫说道:"老爷,现已经夜深了,大王应该睡着了,不下车也没人知道呀!"蘧伯玉对车夫微笑了一下,说道:"不能因为白天有人看到才持节守信,更不能因为天黑没人看到就放纵自己啊!"听了蘧伯玉的话,车夫不好意思地低下头,把车停下,与蘧伯玉一起下车行走,等过了宫门才又上车。

后来,卫灵公知道了伯玉深夜慎独的事,对他更加尊敬了。

苏秦还乡

苏秦是战国时期著名的纵横家和外交家。苏秦在成功以前,游说各国处处碰壁,穷困潦倒难以形容。有一次,苏秦在秦国游说又失败了,身上的钱也花光了,万般无奈之下,只好还乡再作打算。没有钱买马,他只好把书和行李扛在背上,一步一步地背回家乡。

苏秦扛着书和行李,一路上日晒雨淋、风餐露

宿，走了一个多月，终于拖着沉重的脚步回到了家，他又累又饿，疲惫极了。但是，家人对他非常冷淡，连一杯水都没有端给他喝，父亲和兄嫂冷冷地别过脸，看都没看他一眼，妻子也没有起来迎接他，只是低着头织布。

苏秦没有埋怨家人的冷漠，长长地叹了一口气，说："妻子不以我为夫，嫂子不以我为叔，父亲不以我为子，这都是我自己的错啊！"

坚强的苏秦没有借酒浇愁，在心里进行一番沉痛的反省后，他把自己投进书海夜以继日地研究，困了想睡觉，就拿起一个锥子狠狠地刺一下大腿，以赶跑睡意。

靠着这股刻苦奋斗的精神，一年后，苏秦已经脱胎换骨，再次出来游说。这次游说非常成功，苏秦成为六个国家的相国！当他腰里挂着六国的相印衣锦还乡时，周天子找人为他开道，父亲走到大门前

赔着笑脸迎接,兄长跑过来给他牵马车,嫂子和妻子俯伏在地上请罪。

看到家人对自己态度的大转弯,苏秦没有责怪家人的"势利",只是感慨地说:"同样是我这个人,贫贱时,家人亲戚就轻视;富贵了,就敬畏。家人亲戚尚且如此,何况社会上的一般人呢!"说完后,苏秦就分发礼物,回报以前帮助过他的人。

苏秦在遭遇失败、穷困潦倒时,被人们讽刺、鄙视,但他没有怨天尤人,也没有自暴自弃,而是继续发奋自励,成功后也没有仗势报复,反而一一报答帮助过自己的人,这种败不馁、成不骄、不记恨、只感恩的品格难道不是我们应该学习的吗?

四、信 (sì xìn)

凡言行 义①为先
(fán yán xíng yì wéi xiān)

见利忘 奚②可焉
(jiàn lì wàng xī kě yān)

话说多 不如少
(huà shuō duō bù rú shǎo)

惟③其是 意明晓
(wéi qí shì yì míng xiǎo)

注释

① 义：公正的道理，正直的行为，儒家"五常"之一。
② 奚：疑问代词，哪里、怎么。
③ 惟：只有，只要。

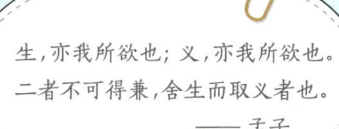

生，亦我所欲也；义，亦我所欲也。二者不可得兼，舍生而取义者也。
——孟子

译文

平时的言行要遵循公德道义，如果见到有利可图就忘记了道义，那怎么可以呢？

与其滔滔不绝地说很多，不如少说几句，只要实事求是，把意思讲明白就可以了。

识字角

yì	造字法	会意
义	结构	独体
	部首	丶
	总笔画	3画
组词	正义、道义、大义凛然	
巧记	父亲去掉八字胡，随口吞下夜明珠	

wéi	造字法	会意
为	结构	独体
	部首	丶
	总笔画	4画
组词	以为、作为、一分为二	
巧记	起点、接力、终点	

xiān	造字法	会意
先	结构	上下
	部首	儿
	总笔画	6画
组词	先进、优先、遥遥领先	
巧记	小儿抓住牛尾巴	

奸(jiān)巧①语　秽(huì)污②词
市(shì)井③气　切(qiè)戒(jiè)之(zhī)
事(shì)非(fēi)宜(yí)　勿(wù)轻(qīng)④诺(nuò)
苟(gǒu)轻(qīng)诺(nuò)　进(jìn)退(tuì)错(cuò)

注释

① 奸巧：虚伪狡诈。
② 秽污：肮脏下流、不文明的。
③ 市井：古代指买卖交易的地方，由于里面混杂着三教九流的人，而且多数素质很低，利益心也很重，因此"市井"一词含有粗俗鄙陋之意。
④ 轻：轻易、随便。

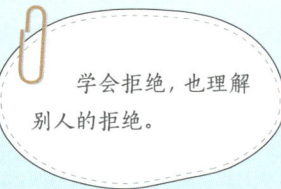

学会拒绝，也理解别人的拒绝。

译文

那些虚伪狡诈、尖酸刻薄的言语，以及下流肮脏的词句，都不要说；市井小民那种粗俗鄙陋或者唯利是图的市侩习气，不要去沾染。

不合情理的事情，不要轻易答应。如果随便允诺，就会使自己陷入进退两难的境地。

识字角

shì	造字法	会意
市	结构	上下
	部首	亠
	总笔画	5画
	组词	城市、市场、门庭若市
	巧记	给围巾戴高帽；天涯孤星帘半卷

jǐng	造字法	象形
井	结构	独体
	部首	一
	总笔画	4画
	组词	水井、市井、井井有条
	巧记	四面八只脚，横竖都是二

qì	造字法	象形
气	结构	独体
	部首	气
	总笔画	4画
	组词	气质、气量、理直气壮
	巧记	汽水喝完了；乞求添根筷子

jiàn wèi zhēn① wù qīng yán
见 未 真 勿 轻 言

zhī wèi dí② wù qīng chuán
知 未 的 勿 轻 传

bǐ shuō cháng cǐ shuō duǎn
彼 说 长 此 说 短

shàn③ zé tīng zhì biàn fēn④
善 择 听 智 辨 分

注释

① 真：真实的，与"假"相对。
② 的：真实、真相。
③ 善：善于、擅长。
④ 辨分：即"分辨"。

> 书必择而读，人必择而交，
> 言必择而听，路必择而蹈。
> ——张履祥

译文

眼睛看到的不一定是真实的，不要轻易下结论；自己知道的也未必是事情的真相，不要随便传播。

对于某件事（或者某个人的言行），有的人会说好，有的人会说不好，要有选择性地听取，过滤信息，用智慧去分辨是非。

识字角

shàn	造字法	会意
善	结构	上下
	部首	口
	总笔画	12画
组词	善良、行善、循循善诱	
巧记	喜羊羊送吉；小羊站在狼口前头	

zé	造字法	形声
择	结构	左右
	部首	扌
	总笔画	8画
组词	选择、择日、物竞天择	
巧记	先擒而后释；沼泽无水用手拨	

tīng	造字法	形声
听	结构	左右
	部首	口
	总笔画	7画
组词	打听、听说、洗耳恭听	
巧记	独具匠心传一方	

见人善① 即思齐
纵去远 以渐跻②
见人恶③ 即内省
有则改 无加警④

注释

① 善：好的行为或者品质。
② 跻：上升、达到。
③ 恶：坏，不好、不良的。
④ 警：戒备、防备。

> 反躬自省是通往美德和上帝的途径。——瓦茨

译文

看到他人有好的品德或言行，就马上想到向他学习看齐，即使目前差距还很远，但只要坚持下去，也会逐渐达到。

看见别人的缺点或不良的言行，就立即反躬内省，检讨自己是否也有同样的缺失，如果有，就赶紧改正；如果没有，就加以警戒。

识字角

yǐ 以		
造字法	象形
结构	左右
部首	人
总笔画	4画
组词	可以、以至、学以致用
巧记	有人相似，用手模拟

jiàn 渐		
造字法	形声
结构	左右
部首	氵
总笔画	11画
组词	逐渐、日渐、循序渐进
巧记	自来水暂断一天

jī 跻		
造字法	形声
结构	左右
部首	足
总笔画	13画
组词	跻身、跻攀、跻峰造极
巧记	吴头齐尾是不二；消灭蚊虫失川心

若①衣服　若饮食
不如人　勿生戚②
惟③德学　惟才艺
不如人　当自砺④

注释

① 若：如果、假如。
② 戚：忧愁，悲伤。
③ 惟：只有、只要。
④ 砺：磨刀，比喻刻苦努力。

贤哉，回也！一箪食，一瓢饮，在陋巷，人不堪其忧，回也不改其乐。
——《论语》

译文

如果在穿着或饮食方面不如别人，不要伤心难过。

只有在德行、学问或者才能技艺方面，不如别人，应当自我磨炼，努力赶上。

识字角

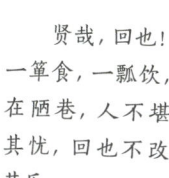当	造字法	形声
	结构	上下
	部首	ヨ
	总笔画	6画
组词	应当、担当、一马当先	
巧记	哨口月落青山卧；赏雪上下喜相逢	

dāng		

自	造字法	象形
	结构	独体
	部首	自
	总笔画	6画
组词	自由、自信、镇定自若	
巧记	一叶障目；熄灭心火	

砺	造字法	形声
	结构	左右
	部首	石
	总笔画	10画
组词	磨砺、砥砺、砺带山河	
巧记	万厂长搬石头	

闻①过怒 闻誉②乐
损友③来 益友却
闻过欣 闻誉谦
直谅士 渐近前

注释

① 闻：听到、听见。
② 誉：赞美，说好话。
③ 损友：品行不好、对自己有害的朋友，与"益友"相对。语出《论语·季氏》："益者三友，损者三友。友直，友谅，友多闻，益矣；友便辟，友善柔，友便佞，损矣。"

> 有一道，大足以守天下，中足以守国家，小足以守其身，谦之谓也。
> ——《易经》

译文

如果听到别人说自己的过失就生气恼怒，听到别人说自己的好话就高兴得意，那么，就会招来坏朋友，真正的益友则会远离自己。

如果听到别人批评自己能够欢喜接受，听到别人赞美自己，也能保持谦虚的态度，那些正直诚信的君子就会渐渐亲近。

识字角

zhí 直		
造字法	会意	
结构	上下	
部首	十	
总笔画	8画	
组词	正直、直接、青云直上	
巧记	小真包裹双脚丫；破土修建四层楼	

liàng 谅		
造字法	形声	
结构	左右	
部首	讠	
总笔画	10画	
组词	原谅、体谅、直谅多闻	
巧记	要"讲"前边，"就"去后边	

shì 士		
造字法	会意	
结构	独体	
部首	士	
总笔画	3画	
组词	士兵、女士、身先士卒	
巧记	推十合一莫猜土；把干倒挂志心无	

无心非① 名为错
有心非 名为恶②
过能改 可积福
倘掩饰 增一辜③

注释

① 非：不对，过失。如：痛改前非。
② 恶：罪恶，极坏的行为。
③ 增一辜：又增加了一个（掩饰的）罪行，即错上加错。辜：罪恶、罪行。

> 今欲获福而远祸，未论行善，先须改过。
> ——《了凡四训》

译文

无意中做了不好的事情，叫作过错；如果存心去做坏事，就叫作罪恶了。如果犯了过错能够改正，就可以慢慢积累一些福报。如果犯了过错，还找借口掩饰，那就是错上加错了。

识字角

zēng 增	造字法	形声
	结构	左右
	部首	土
	总笔画	15画
组词	增加、增强、与日俱增	
巧记	赠送了宝贝，换回一坯土	

yī 一	造字法	指事
	结构	独体
	部首	一
	总笔画	1画
组词	唯一、统一、一丝不苟	
巧记	扑灭火星；天下莫大焉	

gū 辜	造字法	形声
	结构	上下
	部首	辛
	总笔画	12画
组词	无辜、辜负、死有余辜	
巧记	吃尽苦头，衔接端前午后	

孟子淡定得失

孟子是中国古代著名的思想家、教育家,继承并发扬了孔子的思想,曾仿效孔子,带领门徒游说各国。

晚年,孟子游学回到鲁国,鲁平公得知这消息,非常高兴,马上穿好正装,想去拜访孟子。

他身边的宠臣藏仓听说后大吃一惊,说:"大王可要三思啊,我听说孟子操办母亲的丧事比父亲的丧事还要隆重,这难道是合乎礼仪的贤德之人该做的事情吗?"

听了藏仓的话,鲁平公就取消了去见孟子的行动。

听说鲁平公取消了与孟子相见的安排,孟子的学生乐正子赶紧进宫谒见鲁平公,说道:"夫子的父亲去世早,当时他的地位还只是士,所以用士礼去埋葬。后来母亲去世,他已经有了大夫的身份,于是用大夫礼去埋葬,这正是依礼行事啊!至于所买的

枕木、寿衣的质料不一样,这是因为夫子家里的经济后来有所改善。关于礼制方面,并没有不合礼仪的地方啊!"

虽然乐正子为孟子澄清了误会,但终究不能让鲁平公回心转意,乐正子只能快快不乐地回来拜见孟子。

孟子倒是看得很开,说:"不要责怪藏仓了,如果大王来看我,自有促使他来的因素,他如果不来,也自有他不来的原因,一切都是天意啊!"

虽然孟子看得开,但鲁平公作为一个领袖,听到他人的挑拨却没有在心里进行一番判断也是非常可惜而轻率的。据说他在位的时候,鲁国国力日益薄弱,逐步走向衰退。

吕蒙正的"宰相肚量"

北宋时期,有一位显赫有名的宰相吕蒙正,吕

蒙正为人宽厚正直,曾经三登相位。

话说吕蒙正刚被任命为参知政事(相当于副宰相)时还很年轻,第一天上朝,刚走到大殿门口,就听到殿里有人说:"这小子也能当参知政事呀?"面对这盆当头冷水,吕蒙正装作没有听见。但是,与吕蒙正要好的同僚很不满,要去追查此人是谁,吕蒙正急忙制止,不让追查。下朝以后,那位同僚仍然愤愤不平,后悔当时没有逮住那人。吕蒙正则说:"还是算了,如果知道他的名字,反倒终生不能忘记,不如不知道的好。"同僚听了吕蒙正的话,不由得对他敬佩不已。

俗话说:"谁人背后无人说。"有些人就是有那么一点喜欢八卦,如果你跟他较真了,可能从此就陷入冤冤相报的旋涡里,有时候,宽容大量,放过的不仅是别人,还有自己。

五、泛爱众

凡①是人　皆须爱
天同覆②地同载
行高者　名自高
人所重　非言高③

注释

①凡：一切，所有的。如：凡事豫则立，不豫则废。（注："豫"通"预"，指事先的计划和准备）

②覆：覆庇、掩盖。

③言高：夸大其辞、自吹自擂。

> 仁之法，在爱人，不在爱我；
> 义之法，在正我，不在正人。
> ——董仲舒

译文

对于世上所有的人，都要以仁爱相待，就像上天覆盖庇护一切，大地承载培育万物一般，没有分别。

品行高尚的人，名声自然就高远，人们所敬重的，不是自吹自擂的人。

识字角

dì	造字法	形声
地	结构	左右
	部首	土
	总笔画	6画
组词	土地、地方、惊天动地	
巧记	他人走了，找点土回来	

tóng	造字法	会意
同	结构	半包围
	部首	冂
	总笔画	6画
组词	相同、同志、感同身受	
巧记	浇水可挖洞，栽木长梧桐	

zài	造字法	形声
载	结构	半包围
	部首	车
	总笔画	10画
组词	载重、承载、满载而归	
巧记	十把长戈放车上	

己 jǐ 有 yǒu 能 néng 勿 wù 自 zì 私① sī

人 rén 所 suǒ 能 néng 勿 wù 轻 qīng 訾② zǐ

寸 cùn 有 yǒu 长 cháng 尺 chǐ 有 yǒu 短 duǎn

勿 wù 卑 bēi 己③ jǐ 勿 wù 忌 jì 人 rén

注释

① 私：只为自己打算，或者只图个人利益。
② 訾：诋毁、诽谤，说别人的坏话。
③ 卑己：即自卑、不自信。

> 山有山的高度，水有水的深度，每个人都有自己的长处。

译文

自己有才能，不要只图个人利益，而不肯施教或帮助他人；看到别人有才能，不要诋毁、诽谤人家。

每个人都有自己的优点和长处，也会有自己的缺点和短处，不要因为自己的短处而自卑，也不要看到别人的长处而心生妒忌。

识字角

cùn	造字法	指事
寸	结构	独体
	部首	寸
	总笔画	3画
组词	分寸、尺寸、寸草春晖	
巧记	时差一日；村边丢了一棵树	

yǒu	造字法	会意
有	结构	半包围
	部首	月
	总笔画	6画
组词	有效、富有、胸有成竹	
巧记	左边没工人，月亮来帮忙	

cháng	造字法	象形
长	结构	独体
	部首	长
	总笔画	4画
组词	长河、长征、取长补短	
巧记	七站八躺；小张不用弓	

rén bù xián wù shì jiǎo
人 不 闲 勿 事 搅①

rén bù ān wù huà rǎo
人 不 安 勿 话 扰②

rén yǒu duǎn qiè mò jiē
人 有 短③ 切 莫 揭④

rén yǒu sī qiè mò shuō
人 有 私⑤ 切 莫 说

注释

① 搅：掺和、搅乱。
② 扰：干扰、扰乱。
③ 短：短处、缺点、缺陷。
④ 揭：揭露、揭穿。
⑤ 私：隐私，不愿意为人所知或者不愿意公开的个人信息。

> 打人不打脸，骂人不揭短。
> 胖子面前不提肥，老者面前不谈丧。
> ——民谚

译文

别人正在忙碌时，就不要再把别的事情掺和进来烦扰人家；别人心情不好时，就不要再用闲言碎语扰乱他。

别人的短处，千万不要揭穿；别人的隐私，千万不要说出去。

识字角

qiè	造字法	形声
切	结构	左右
	部首	刀
	总笔画	4画
组词	亲切、恳切、情真意切	
巧记	有水可泡茶（沏），运石能建房（砌）	

mò	造字法	会意
莫	结构	上下
	部首	艹
	总笔画	10画
组词	莫名、莫非、莫名其妙	
巧记	遇水却沙化（漠），添土令人怕（墓）	

shuō	造字法	形声
说	结构	左右
	部首	讠
	总笔画	9画
组词	说话、说明、说文解字	
巧记	园外双燕语，小儿东讯来	

道人善　即是善
人知之　愈思勉①
恶②念生　即化转③
放任之　祸进门④

注释

① 勉：勉励、努力。
② 恶：邪恶，不好、不良的。
③ 化转：即转化。
④ 进门：进到家里，比喻灾祸降临。

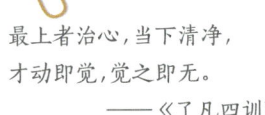

最上者治心，当下清净，
才动即觉，觉之即无。
——《了凡四训》

译文

说别人的好，本身就是一种好的品行。对方知道之后，也会自我勉励做得更好。

如果心里产生不良的念头，应马上转化掉，如果放任不理，灾祸就会降临。

识字角

yù	造字法	形声
愈	结构	上下
	部首	心
	总笔画	13画
	组词	治愈、愈加、不药而愈
	巧记	重庆(渝)缺水放心上

sī	造字法	会意
思	结构	上下
	部首	心
	总笔画	9画
	组词	思念、反思、集思广益
	巧记	心系冀中；三星伴月如画里

miǎn	造字法	形声
勉	结构	半包围
	部首	力
	总笔画	9画
	组词	共勉、劝勉、勉为其难
	巧记	免得后劲；前功已弃挽手行

善 相 劝① 　 德 皆 建
guò bù guī② 　 dào liǎng kuī
过 不 规 　 道 两 亏
yǔ③ yí duō 　 qǔ④ yí shǎo
与 宜 多 　 取 宜 少
wù zhuī huǐ 　 wù wàng bào
勿 追 悔 　 勿 望 报

注释

① 劝：劝谏、劝勉。
② 规：规劝、规诫。
③ 与：给予。
④ 取：拿、索取。

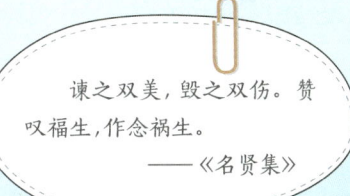

谏之双美，毁之双伤。赞叹福生，作念祸生。
——《名贤集》

译文

如果能对人劝善，那么双方都能建立好的品德修养；知道别人有过错却不去规劝，双方的品行都会有所亏损。

与人交往不要贪便宜，给别人东西时多给一点，但拿别人的东西时要少拿一点；如果事情已经过去了，就不要后悔，给予或者帮助他人后，不要期望对方的报答。

识字角

wù	造字法	象形
勿	结构	半包围
	部首	勹
	总笔画	4画
	组词	切切、请勿、宁缺勿滥
	巧记	匆心飘走；匆匆少一点

zhuī	造字法	形声
追	结构	半包围
	部首	辶
	总笔画	9画
	组词	追求、追踪、追本溯源
	巧记	一条小道绕阜北

huǐ	造字法	形声
悔	结构	左右
	部首	忄
	总笔画	10画
	组词	后悔、忏悔、悔恨交加
	巧记	海水干涸，忧心还在

将加人 先问己
己不欲 勿施之
恩欲报 怨欲忘
报怨短 报恩长

注释

① 加：施以某种思想或行为。
② 欲：想要、希望。

> 正己而不求于人则无怨，上不怨天，下不尤人。
> ——《中庸》

译文

如果想把某种思想或言行施加于人，先问问自己是否愿意被那样对待，如果自己也不愿意，就不要那样对待别人。

得到别人的帮助要常思报答，别人对自己不好的地方就要想办法忘记。怨恨的情绪越短越好，感恩的情绪越长越好。

识字角

yuàn 怨	造字法	形声
	结构	上下
	部首	心
	总笔画	9画
	组词	恩怨、抱怨、怨天尤人
	巧记	草凋上苑愁秋逝；鸳鸟远飞心托付

yù 欲	造字法	形声
	结构	左右
	部首	欠
	总笔画	11画
	组词	欲望、意欲、望眼欲穿
	巧记	稻谷欠收；八人共吹牛皮

wàng 忘	造字法	形声
	结构	上下
	部首	心
	总笔画	7画
	组词	忘记、忘却、念念不忘
	巧记	盲目不得，须放心上

人 与 人 无 贵 贱
多 尊 重 常 体 谅
势① 服 人 心 不 然②
理 服 人 方 无 言③

注释

① 势：强势、权势。
② 然：以……为然。
③ 言：怨言。

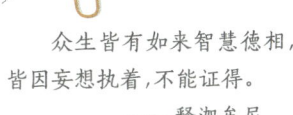

众生皆有如来智慧德相，
皆因妄想执着，不能证得。
——释迦牟尼

译文

　　每个人在尊严上都是平等的，没有高低贵贱之分；与人相处时，对别人要多一点尊重和体谅。
　　如果用强势逼迫别人服从，对方难免口服心不服；用道理去说服，别人才不会有怨言。

识字角

lǐ	造字法	形声
理	结构	左右
	部首	王
	总笔画	11画
	组词	道理、理想、聆音察理
	巧记	大王在里边；一去便下地（埋）

fú	造字法	会意
服	结构	左右
	部首	月
	总笔画	8画
	组词	服务、说服、心悦诚服
	巧记	后脚又随前脚到

rén	造字法	象形
人	结构	独体
	部首	人
	总笔画	2画
	组词	人才、人格、引人注目
	巧记	肉松内销；春节三日游

心怀天下的袁隆平

被人们称为"当代神农"的袁隆平出生于知识分子家庭，本来可以过安定、幸福的人生，但由于心中那股悲天悯人的情怀，他最终走上了一条曲折而传奇的人生之路。

1953年，袁隆平大学毕业后，到湖南安江农校任教，那时新中国刚成立不久，农业又遭遇了自然灾害，人们的生活非常艰难。为了把中国人民从饥饿中解救出来，袁隆平一边教学，一边研究水稻，他与农民朋友们一起下田干农活，甚至比农民朋友更拼命。为了找到合适的稻株，在炎热的夏天，他也拿着放大镜，一穗穗、一

行行、一垄垄，大海捞针般在成千上万的稻穗中寻找，汗水在背上结成盐霜，皮肤被晒得黑里透亮。

袁隆平凭借自己的意志和智慧将所有的困难一一化解，经过十几年的不懈努力，终于迎来了杂交水稻的春天！

杂交水稻研制成功后，各种荣誉纷至沓来，但袁隆平很淡定，对于每个来学习、研究的人，他都倾心教导，毫无保留，还应邀到世界各国传授技术，指导当地人民种植杂交水稻。

心怀天下的袁隆平说："我今生最大的心愿是让杂交水稻更多地造福世界，希望杂交稻不仅对建设中国和谐社会做贡献，也为建立和平世界做贡献！"

郭子仪不揭人短

郭子仪是唐朝著名的宰相，他战功赫赫，又德高望重，被唐德宗尊为"尚父"，但他从不居功自傲，而是宽厚待人，时时为他人着想。

有一次，郭子仪生病了，很多官员都来探望，有

个叫卢杞的官员也前来问候。话说这个卢杞,虽然也是名门之后,但由于长相比较丑陋,而且脸上长有一块蓝色的胎记,这使他非常自卑,对于他人的闲话和嘲笑很是敏感。

一听到卢杞来拜访,郭子仪马上命令所有家人回避,一个也不准出来。在客厅里,他热情地接待了卢杞,还亲切地和他谈了很久。等送走卢杞,夫人好奇地问道:"你平日待客,从不避讳我们在场,为什么今天接见卢大人却这样谨慎呢?"

郭子仪说:"夫人有所不知,卢大人的长相有点奇怪,我怕你们看见他会忍不住发笑,那样就伤害了他的自尊心啊!"

后来,卢杞当上了宰相,对以前嘲笑、得罪过他的人,都进行了或大或小的报复,但对郭子仪一家始终很宽待,这都是因为郭子仪高贵而谨慎的品格给全家人带来的福报。

贺若父子的人生悲剧

南北朝时,贺若敦为北周的大将,英勇善战,可惜气量狭小,每天牢骚不断,后来,被把持朝政的晋公宇文护下令自刎。

贺若敦后悔不已,临死前,嘱咐儿子贺若弼说:"为父这辈子对朝廷忠心耿耿,却因为嚼舌根而遭杀身之祸,你一定要以此为戒,千万不要重蹈覆辙啊!"然后,拿起一把锥子把贺若弼的舌头刺出血,希望他永远记住这血的教训。

贺若弼像他父亲一样作战骁勇,立了很多战功,被隋文帝封为右武侯大将军,按说这个官职也不错了,但他还是嫌小,经常发牢骚,抱怨朝廷不公平,把他爹当年用锥子刺他舌头的事抛在脑后。

有一天,这些牢骚抱怨被隋文帝听到了,隋文帝就派人把贺若弼抓进天牢,贺若弼吓得跪在地上不停地磕头认罪。隋文帝心一软,叹气说道:"你这个人啊!有三太猛:嫉妒心太猛,自以为是的心太猛,

满嘴胡说的心太猛。"

最后,隋文帝赦免了贺若弼的死罪,不过撤了他的职,下旨永不录用。

可怜贺若父子,一个因为抱怨搭上了自己的性命,一个因为抱怨断送了仕途,实在是令人惋惜。

管不住自己舌头的人,不仅容易伤人,而且容易给自己惹祸。俗话说:"事事感恩道路宽,天天抱怨福来难。"如果想要人生之路走得安稳些,还是要多点感恩,少点抱怨!

六、亲仁

同是人 类不齐
凡俗众 仁①者希②
果仁者 与天合③
心无忧 行无恶

注释

① 仁：一种含义极广的道德范畴，也是孔子的思想核心。
② 希：通"稀"，稀少，很少。
③ 天合：即"天地合德"，语出《周易》："夫大人者，与天地合其德，与日月合其明，与四时合其序，与鬼神合其吉凶。"

> 知者不惑，仁者不忧，勇者不惧……苟志于仁矣，无恶也。
> ——《论语》

译文

同样在世为人，但社会分工、性格习气各有不同；平凡普通的人很多，真正仁德的人很少。

真正仁德的人，他的一切言行都能顺乎自然；由于他洞悉了宇宙的真理，所以他的心不会为世俗的荣辱得失所困扰，也不会做出伤害他人的事情。

识字角

fán	造字法	象形
凡	结构	独体
	部首	几
	总笔画	3画
组词	平凡、非凡、不同凡响	
巧记	几点；扬帆巾飘落	

sú	造字法	形声
俗	结构	左右
	部首	亻
	总笔画	9画
组词	世俗、习俗、雅俗共赏	
巧记	春分三日前，八人迎君南来	

zhòng	造字法	会意
众	结构	品字形
	部首	人
	总笔画	6画
组词	群众、公众、众志成城	
巧记	三人叠罗汉，一人更比两人高	

能亲仁　无限好①
德日②进　过日少
不亲仁　无限害
小人③近　百④事坏

注释

① 好：好处、益处，与"坏"相对。
② 日：每日、每天。如《盘铭》有言："苟日新，日日新，又日新。"
③ 小人：品质恶劣或者思想格局不高、遇事自私自利的人。
④ 百：形容数目很多。

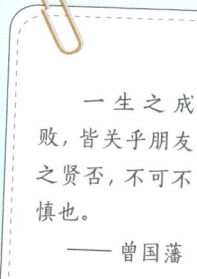

一生之成败，皆关乎朋友之贤否，不可不慎也。
——曾国藩

译文

能够亲近仁者或者（学习）仁德知识，对自己有莫大的好处。德行会一天比一天进步，过错则会一天比一天减少。

如果不亲近仁者或者（不学习）仁德知识，就会有无穷的危害。那些品质恶劣的小人就会来靠拢，以致诸事不顺。

识字角

dé	造字法	形声
德	结构	左右
	部首	彳
	总笔画	15画
	组词	品德、公德、德高望重
	巧记	两人十四岁，一心好品行

rì	造字法	象形
日	结构	独体
	部首	日
	总笔画	4画
	组词	生日、日出、日新月异
	巧记	画时圆，写时方；冬时短，夏时长

jìn	造字法	会意
进	结构	半包围
	部首	辶
	总笔画	7画
	组词	先进、进取、循序渐进
	巧记	在井边散步；讲完话就走（辶）

千金买邻

在南北朝的时候,有个叫吕僧珍的人,世代居住在广陵地区,他为人正直、品德高尚,深受人们的尊敬和爱戴。

有位名叫宋季雅的官员告老还乡后,特意在吕僧珍家旁边买了一幢房屋。迁新居那天,众人贺喜,有人问宋季雅:"你买这幢房子花了多少钱?"

宋季雅回答说:"花了一千一百两。"

问的人听了大吃一惊:"一千一百两!怎么要那么贵?"

宋季雅笑着回答说:"其中一百两是买房子,余下的一千两是'买'吕僧珍这位品德高尚的邻居啊!"

众人听了,不由得纷纷赞叹,对吕僧珍更加敬仰了,而"千金买邻"的美谈也被流传了下来。

七、余力学文

不力行① 但②学文
长浮华 成何人
但力行 不学文
任己见 昧③理真

注释

① 力行：把所学的知识或者道理实践力行到现实生活中，即学以致用。
② 但：仅仅，只是。　③ 昧：暗，不明。

> 读书是学习，使用也是学习，而且是更重要的学习。——毛泽东

译文

如果不能把所学的知识实践力行到生活中，只是一味读死书，除了增长自己浮华不实的习气，能有什么出息呢？

如果只是一味盲做，不肯读书学习，只凭自己的偏见行事，也就永远不会明白真正的道理。

识字角

dàn 但		
造字法	形声
结构	左右
部首	亻
总笔画	7画
组词	但是、但愿、但求无过
巧记	日出地平线，人在旁边站

xué 学		
造字法	会意
结构	上下
部首	子
总笔画	8画
组词	学习、学问、学无止境
巧记	习字须从点滴起；为子劳心自高兴

wén 文		
造字法	象形
结构	独体
部首	文
总笔画	4画
组词	语文、文化、文武双全
巧记	消灭蚊虫；添八两就成交

读书法 有三到
心眼口 信①皆要
方读此 勿慕彼
全神注② 手中书

注释

① 信：不怀疑，认为可靠。
② 注：专注，精神、力量集中在一点上。

译文

读书的方法讲究三到，即：心到、眼到和口到，不要怀疑，这三个"到"都是非常重要的。

刚刚开始读这本书，就不要又想看别的书，而应全神贯注，认真读手上的这本。

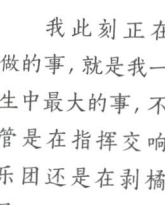

我此刻正在做的事，就是我一生中最大的事，不管是在指挥交响乐团还是在剥橘子。
——托斯凯宁尼

识字角

xìn 信	造字法	会意
	结构	左右
	部首	亻
	总笔画	9画
组词	诚信、通信、信手拈来	
巧记	在北京怀仁堂中；多一笔就成千言	

jiē 皆	造字法	会意
	结构	上下
	部首	比
	总笔画	9画
组词	皆知、尽皆、皆大欢喜	
巧记	百里挑一两倾心	

yào 要	造字法	会意
	结构	上下
	部首	覀
	总笔画	9画
组词	主要、必要、简明扼要	
巧记	西安夺冠，细腰没肉（月也叫肉月旁）	

kuān wéi xiàn　　jǐn yòng gōng
宽① 为 限　　紧 用 功

gōng fu dào　　zhì sè tōng
工 夫② 到　　滞 塞③ 通

xīn yǒu yí　　suí zhá jì
心 有 疑　　随④ 札⑤ 记

jiù rén wèn　　qiú què yì
就 人 问　　求 确 义

注释

① 宽：宽松、不拥挤。
② 工夫：指花费时间。
③ 滞塞：阻塞不通，比喻学习中不懂或存在疑问的地方。
④ 随：随身携带。
⑤ 札：古时写字的小木片。

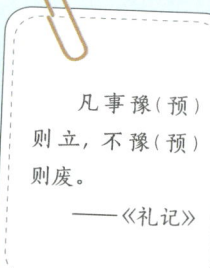

凡事豫（预）则立，不豫（预）则废。
——《礼记》

译文

制订学习计划时，时间安排可以稍微宽松一点，但在实际执行时，就要抓紧时间。只要工夫到家，原先困顿疑惑的地方就会豁然明朗。

在学习过程中，如果心里有疑问，应及时记录下来，一有机会就向人请教，务必得到准确的含义。

识字角

jǐn	造字法	会意
紧	结 构	上下
	部 首	纟
	总笔画	10画
	组词	赶紧、紧迫、无关紧要
	巧记	老二立起来，树间絮如飞

yòng	造字法	象形
用	结 构	独体
	部 首	冂
	总笔画	5画
	组词	使用、作用、省吃俭用
	巧记	甩掉尾巴；把月亮一分为二

gōng	造字法	形声
功	结 构	左右
	部 首	工
	总笔画	5画
	组词	功名、功能、马到成功
	巧记	加工出口；咱们工人有力量

fáng shì qīng qiáng bì jìng
房 室 清① 墙 壁 净②
jī àn jié bǐ yàn zhèng
几③ 案 洁 笔 砚④ 正
mò mó piān xīn bù duān
墨 磨 偏 心 不 端
zì bú jìng xīn xiān bìng
字 不 敬 心 先 病

注释

①清：清理、清扫，把不必要的物品清除掉，并打扫干净。

②净：保持干净，没有脏污或者乱涂乱画。

③几：小或矮的桌子。

④砚：即磨墨的器皿，一般用石做成，也称"砚台"，文房四宝之一。

淡泊明志，
宁静致远。

译文

房间要收拾清洁，墙壁不要乱涂乱画；书桌要擦干净，笔纸砚等文具要摆放整齐。

如果把墨磨偏了，就说明自己心不在焉；如果字写得潦草不工整，就说明自己思想不集中。

识字角

fáng 房	造字法	形声
	结构	半包围
	部首	户
	总笔画	8画
组词	房间、房子、文房四宝	
巧记	蒲扇羽飞落，芳草影无踪	

shì 室	造字法	会意
	结构	上下
	部首	宀
	总笔画	9画
组词	教室、家室、登堂入室	
巧记	掏取宝玉丢失，屋内不见尸	

qīng 清	造字法	形声
	结构	左右
	部首	氵
	总笔画	11画
组词	清澈、清高、山清水秀	
巧记	水绕青山；三月一直雨纷纷	

liè diǎn jí　　yǒu dìng chù
列① 典 籍　　有 定 处

dú kàn bì　　huán yuán chù
读 看 毕　　还 原 处

suī yǒu jí　　juàn shù qí
虽② 有 急　　卷 束③ 齐

yǒu quē sǔn　　zé bǔ zhī
有 缺 损　　则 补 之

注释

① 列：排列，归类摆放。
② 虽：即使、纵然。
③ 束：捆扎系好、整理好。

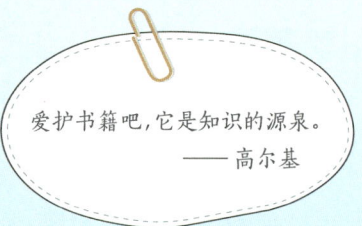

爱护书籍吧，它是知识的源泉。
——高尔基

译文

摆放书籍要有固定的地方，看阅完后要放回原处。
即使遇到急事，也要把书合上放好；如果发现书页有破损，就及时修补。

识字角

还			原			处		
	huán			yuán			chù	
造字法	形声		造字法	会意		造字法	形声	
结构	半包围		结构	半包围		结构	半包围	
部首	辶		部首	厂		部首	夂	
总笔画	7画		总笔画	10画		总笔画	5画	
组词	还乡、归还、买椟还珠		组词	原来、原谅、情有可原		组词	处所、好处、绝处逢生	
巧记	不得到辽西，送走观（关）音使不得		巧记	献心得愿；小白退进工厂		巧记	雾锁南北一封占；外面夕阳腿拉长	

shèng xián shū　　bèi zhēn xī
圣 贤 书　　倍 珍 惜

cháng fān yuè　　fú huì tí②
常 翻 阅　　福 慧 提

bù liáng shū　　bǐng③ wù shì
不 良 书　　屏 勿 视

bì④ cōng míng　　huài xīn zhì
蔽 聪 明　　坏 心 志

注释

① 圣：耳聪口敏，通达事理；也表示人们对所崇拜的人或事物的尊称。
② 提：提升、上升。
③ 屏：通"摒"，摒弃、丢弃。
④ 蔽：覆盖、遮挡。

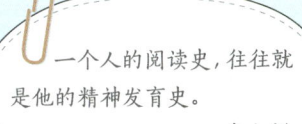

一个人的阅读史，往往就是他的精神发育史。
——朱永新

译文

对于圣贤留下来的经典书籍，要加倍珍惜，而且经常阅读，不知不觉中就会增加自己的福报和智慧。

有害身心健康的不良书刊，都应该摒弃不看，因为它们会蒙蔽我们正确的思想，败坏我们心中的志向。

识字角

fú	造字法	形声
福	结构	左右
	部首	礻
	总笔画	13画
组词	幸福、祝福、福如东海	
巧记	视而不见，一口水田；祖先留下致富底	

huì	造字法	形声
慧	结构	上下
	部首	心
	总笔画	15画
组词	智慧、慧眼、秀外慧中	
巧记	双丰收，站得高，下雪没雨，放在心头	

tí	造字法	形声
提	结构	左右
	部首	扌
	总笔画	12画
组词	提升、提拔、耳提面命	
巧记	抄题减少一页，请足下承担	

勿自暴^① 勿自弃^②
圣与贤 可炼^③致

注释

① 暴：糟蹋，损害。
② 弃：抛弃、放弃，自己瞧不起自己，甘于落后或堕落。
③ 炼：修炼、磨炼。

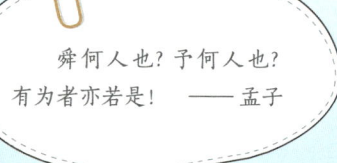

舜何人也？予何人也？有为者亦若是！——孟子

译文

遇到困难挫折，不要自己糟蹋、伤害自己，也不要放弃自己、自甘堕落。圣贤的境界虽高，但每个人都可以通过不懈努力逐渐达到。

识字角

shèng	造字法	形声
圣	结构	上下
	部首	又
	总笔画	5画
组词	圣人、圣诞、超凡入圣	
巧记	毕业之后又相逢，十载一来复见君	

yǔ	造字法	会意
与	结构	独体
	部首	一
	总笔画	3画
组词	与其、与共、与众不同	
巧记	写上去；若无爱心写不成	

xián	造字法	形声
贤	结构	上下
	部首	贝
	总笔画	8画
组词	圣贤、贤人、古圣先贤	
巧记	坚土挖开财前来	

孔子学琴

孔子向师襄子学习弹琴,把师襄子教的一首曲子连续弹了十几天,师襄子说:"仲尼呀,我教你新的曲子吧。"孔子恭敬地说:"还是多练几天吧,我还没有掌握弹琴的技巧呢。"

过了几天,师襄子说:"你已经熟练掌握弹琴的技巧了,可以弹别的曲子了。"孔子还是谦虚地说:"可是,我还没有领会乐曲的意蕴呢。"

又过了几天,师襄子说:"现在你已经领会其中的意蕴和志趣了,可以继续往下学了。"

可孔子还是推辞说:"非常谢谢,不过我还没有体会出作曲者是怎样的一个人。"

又过了十几天,孔子在弹琴的时候肃穆沉静,仿佛进入新的境界:时而神情庄重穆然,若有所

思,时而怡然高望,志意深远深思着什么,接着又心旷神怡,显出志向远大的样子。

弹完琴,孔子高兴地对师襄子说:"我终于体会出作曲者是个什么样的人啦!他的肤色黝黑,身材高大,目光明亮而深邃,好像一个统治四方诸侯者,除了周文王又有谁能够如此呢?"

师襄子大吃一惊,深深地为孔子如此专心致志、刻苦钻研的学琴精神感动了,离席起身恭敬地拜了两拜,然后紧紧地握着孔子的手说:"对呀!这曲子就是《文王操》!"

董遇巧用"三余"

董遇是三国时期的名人,他性格质朴、意志坚定,而且非常好学。

由于家贫,董遇和哥哥靠打柴和捡拾野稻子维持生计。但每次出去,董遇都把书藏在身上,一有空闲,就拿出来认真诵读。由于刻苦勤奋,后来董遇的学问大进,不仅注释了《老子》,还写成了《朱

墨别异》。

名声传出去后,很多人来求教,问他是如何学习的。

董遇谦虚地说:"其实也没有什么过人之处,古人云'读书百遍,其义自见',我也只不过是多读几次而已。"

求教的人苦着脸说:"可是哪有时间读那么多遍呢!"

董遇就认真地说:"只要利用好'三余'就足够了!冬天一般很少有事做,是一年之余;晚上不用出去劳作,是一天之余;下雨天也做不了什么事,是平日之余。"

人们听了,悄然大悟,原来董遇是把空闲时间都用来学习,不由得对他更加敬佩了。

宋太宗读书

宋太宗是宋朝的第二位皇帝,即位后非常重视文化事业,不仅扩大科举取士的规模,而且组织大臣

们编纂各类书籍，其中最有成效的是史学巨著《太平总类》，它由李昉、李穆、徐铉等多位学者共同修编，历经六年方才完成。

话说得知《太平总类》成书后，宋太宗龙颜大悦，高兴地说："朕每天至少要读三卷，争取一年内全部读完！"

宰相宋琪连忙进谏说："皇上爱读书，实乃社稷之福。不过您每天要处理那么多国家大事，要不要把目标减少一点呢？"

宋太宗哈哈一笑，说："爱卿多虑了，我很喜欢读书，读书乃人生一大乐趣，何苦之有呢？"于是，他仍然坚持每天阅读三卷。有时因国事忙耽误了，也要抽空补上，并常常对左右的人说："开卷有益，多看看书，总会有好处的。"

宋太宗果然在一年内读完了《太平总类》，学问大进，处理国家大事也愈加得心应手，于是，把书名改为《太平御览》。百姓们见皇帝如此勤奋读书，也纷纷效仿，所以当时读书的风气很盛，出现了非常多的文人志士。

《弟子规》原文

总叙

弟子规　圣人训　首孝弟　次谨信
泛爱众　而亲仁　有余力　则学文

入则孝

父母呼　应勿缓　父母命　行勿懒
父母教　须敬听　父母责　须顺承
冬则温　夏则凊　晨则省　昏则定
出必告　反必面　居有常　业无变
事虽小　勿擅为　苟擅为　子道亏
物虽小　勿私藏　苟私藏　亲心伤
亲所好　力为具　亲所恶　谨为去
身有伤　贻亲忧　德有伤　贻亲羞
亲爱我　孝何难　亲憎我　孝方贤

亲有过　谏使更　怡吾色　柔吾声
谏不入　悦复谏　号泣随　挞无怨
亲有疾　药先尝　昼夜侍　不离床
丧三年　常悲咽　居处变　酒肉绝
丧尽礼　祭尽诚　事死者　如事生

出则悌

兄道友　弟道恭　兄弟睦　孝在中
财物轻　怨何生　言语忍　忿自泯
或饮食　或坐走　长者先　幼者后
长呼人　即代叫　人不在　己即到
称尊长　勿呼名　对尊长　勿见能
路遇长　疾趋揖　长无言　退恭立
骑下马　乘下车　过犹待　百步余
长者立　幼勿坐　长者坐　命乃坐
尊长前　声要低　低不闻　却非宜
进必趋　退必迟　问起对　视勿移

事诸父　如事父　事诸兄　如事兄

谨

朝起早　夜眠迟　老易至　惜此时
晨必盥　兼漱口　便溺回　辄净手
冠必正　纽必结　袜与履　俱紧切
置冠服　有定位　勿乱顿　致污秽
衣贵洁　不贵华　上循分　下称家
对饮食　勿拣择　食适可　勿过则
年方少　勿饮酒　饮酒醉　最为丑
步从容　立端正　揖深圆　拜恭敬
勿践阈　勿跛倚　勿箕踞　勿摇髀
缓揭帘　勿有声　宽转弯　勿触棱
执虚器　如执盈　入虚室　如有人
事勿忙　忙多错　勿畏难　勿轻略
斗闹场　绝勿近　邪僻事　绝勿问
将入门　问孰存　将上堂　声必扬

人问谁　对以名　吾与我　不分明
用人物　须明求　倘不问　即为偷
借人物　及时还　后有急　借不难

信

凡出言　信为先　诈与妄　奚可焉
话说多　不如少　惟其是　勿佞巧
奸巧语　秽污词　市井气　切戒之
见未真　勿轻言　知未的　勿轻传
事非宜　勿轻诺　苟轻诺　进退错
凡道字　重且舒　勿急疾　勿模糊
彼说长　此说短　不关己　莫闲管
见人善　即思齐　纵去远　以渐跻
见人恶　即内省　有则改　无加警
唯德学　唯才艺　不如人　当自砺
若衣服　若饮食　不如人　勿生戚
闻过怒　闻誉乐　损友来　益友却

闻誉恐　闻过欣　直谅士　渐相亲
无心非　名为错　有心非　名为恶
过能改　归于无　倘掩饰　增一辜

泛爱众

凡是人　皆须爱　天同覆　地同载
行高者　名自高　人所重　非貌高
才大者　望自大　人所服　非言大
己有能　勿自私　人所能　勿轻訾
勿谄富　勿骄贫　勿厌故　勿喜新
人不闲　勿事搅　人不安　勿话扰
人有短　切莫揭　人有私　切莫说
道人善　即是善　人知之　愈思勉
扬人恶　即是恶　疾之甚　祸且作
善相劝　德皆建　过不规　道两亏
凡取与　贵分晓　与宜多　取宜少
将加人　先问己　己不欲　即速已

恩欲报　怨欲忘　报怨短　报恩长
待婢仆　身贵端　虽贵端　慈而宽
势服人　心不然　理服人　方无言

亲仁

同是人　类不齐　流俗众　仁者希
果仁者　人多畏　言不讳　色不媚
能亲仁　无限好　德日进　过日少
不亲仁　无限害　小人进　百事坏

余力学文

不力行　但学文　长浮华　成何人
但力行　不学文　任己见　昧理真
读书法　有三到　心眼口　信皆要
方读此　勿慕彼　此未终　彼勿起
宽为限　紧用功　工夫到　滞塞通

心有疑　随札记　就人问　求确义

房室清　墙壁净　几案洁　笔砚正

墨磨偏　心不端　字不敬　心先病

列典籍　有定处　读看毕　还原处

虽有急　卷束齐　有缺坏　就补之

非圣书　屏勿视　蔽聪明　坏心志

勿自暴　勿自弃　圣与贤　可驯致

说起和《弟子规》的缘分,得回到十年前。

2007年,有一位朋友得知我正在著写处女作《小汉字大智慧》,兴致勃勃地跑来和我谈论传统文化,并邀请我参加南宁市的一个经典论坛,就在那次论坛上,得以初见《弟子规》。那是一本很薄很轻的袖珍书,但里面的内容却让我惊叹不已——对为人处世方面的阐述是那样的全面而系统!一连几天,我都禁不住拿它作为晨读读物,反复品味。

可能真的是缘分,一个月后在《汉字网》上,看到"和谐中国网"的总编辑李耀君先生正在修订《弟子规》,并广泛征求大众的意见。虽然那时还初识《弟子规》不久,但由于每天朗读,也积累了一些心得,于是给李先生写了一封信,表达了自己对《弟子规》的喜爱以及浅薄见解。

从那以后,与李先生就成为文学朋友,那个时候他正在为现代修订版《弟子规》不辞辛劳地奔走,让我钦佩不已。不过,彼时《小汉字大智慧》还没完成,所以并没有动过编修《弟子规》的念头。

2012年,拙作《小汉字大智慧》终于出版。2013年,我到东莞市的一家公司上班,在一次和副总的谈话中聊到员工培训,由于《弟子规》在礼仪处世方面阐述得比较好,也通俗易懂,因此我将《弟子规》推荐给副总,并表示随着时代的变迁,《弟子规》里有些内容不太适合现代社会,需要进行一定的修改。

　　那次谈话后,我就踏上了《弟子规》的编修之路,没想到,一改,就是五年!而为了更好地探索《弟子规》的底蕴,我从公司辞职,到深圳市的一家国学幼儿园当幼师。由于幼儿园兼教国学经典,在浓厚的国学气氛中,我对《弟子规》的体会也愈来愈深刻,每天下班后都利用空余的时间进行修改。

　　和原版《弟子规》一样,《弟子规·当代新编》也是1080字,章节层次及结构相同,不同的是对部分内容进行了与时俱进的修改。修订的首要目标,是把不合时宜的语句去掉。如第二部分的"骑下马,乘下车,过犹待,百步余",古时的交通工具多是家畜动物,如马、牛、驴、骆驼等,所以见到前辈时下马、下车(马车)都比较容易,但现在很少有人用马车作为交通工具了,取而代之的是机动车,而在马路上并不能随便停车,轻者被罚款,重者甚至会引发交通事故。因此这句话在当今社会已经不再适用,应当删掉。又比如第五部分的"待婢仆,身贵端,虽贵端,慈而宽",现在倡导人人平等,不适宜再用"婢仆"两字,故改成"人与人,无贵贱,多尊重,常体谅"。

　　目标之二,是修订不合情理的语句。比如第一部分的"谏不入,悦复谏,号泣随,挞无怨",人们解说这句话时常常会引用李世民谏父的事例,但这个事例毕竟特殊,而且李渊也没有打李世民,被父亲打的人是曾子。曾子有一次被父亲打到晕厥也不逃跑,还自以为孝顺,但却被孔子责骂,甚至不想见他,因为孔子倡导的是:如果挨双亲打,应该"小杖则受,大杖则逃"。而且,曾子挨父打的故事,史书并没有说是出于劝谏,一般父母打子女多数是因为子女不听话或者犯了过错,由于孩子对自己劝谏而打孩子的事例实在是少,因此说,"挞无

怨"是有点过度的。那么,在对父母劝谏不成功的时候我们应该如何做呢?《论语》中有记载孔子的话:"事父母几谏,见志不从,又敬不违,劳而不怨。"因此,修订时把原文修改为"谏不入,悦复谏,敬如常,劳无怨"。

目标之三,是在译文部分反复揣摩。第五部分"凡是人,皆须爱,天同覆,地同载",《弟子规》作为一本自律之书,主要是劝谏世人严于律己。源于国学经典,揣摩了此句话的意思:对于世上所有的人,都要以仁爱相待,就像上天覆盖、庇护一切,大地承载、培育万物一样,没有分别心。圣人无亲,唯有大爱。当然,要达到这个境界确实挺难,姑且把它当成一个目标来激励自己吧⋯⋯

目标之四,是精选"小故事"部分,以辅助对文中内容的理解。如第一部分"事虽小,勿擅为,苟擅为,子道亏",当我们"力行"这句话时得分为两个人生阶段,一是年幼时期,尚不分善恶,也不知危险时,就要多听父母的话。而当我们渐渐成长,有了分辨是非善恶的能力,父母也不再时时在我们身边,这时,更多的是需要体会父母的心志,因此,在后面的"小故事"部分,我挑选了范纯仁送麦船救助父亲故友的故事。

目标之五,是增加对现代人不良习惯的劝诫。如在第三部分增加"对荧屏,勿久视,心智蔽,气血滞",这句话是告诫人们要注意电视、手机或电脑等电子产品对身体健康的损害。现在很多年轻人,甚至数岁的孩童也沉迷于网络游戏,俗话说"玩物丧志",因玩网络游戏而学习退步的孩子实在太多了,而由于长期过久端坐在电脑前,很多孩子刚上小学就患了眼疾,实在让人痛惜。

目标之六,是增加心念的反观。比如第一部分增加"嘘寒暖,常相伴,心意诚,菽水欢",第三部分增加"福祸转,世无常,路愈艰,心愈强",第五部分增加"恶念生,即化转,放任之,祸进门",等等。

《大学》有言:"欲修其身者,先正其心。"由内向外,修心方可养德,反观内心,无论是涵养品德,还是行事处世,都是很有必要的。如果我们能看清楚自己的内心,自然就能破解他人的假仁假善。因此,《弟子规·当代新编》多处增加关于心念的反观,我们不能只做表面的礼仪,更不能被他人表面的仁善所迷惑,一切从心出发,正己观人。

以上只是本次修订的六个修改目标,还有一些小地方就不一一说明了。在修改的三四百字里,有些是探索《论语》等国学经典,也有一些来自前辈、朋友们的宝贵意见,特别是得到李耀君老师的应允,在某些地方吸收了他对《弟子规》的修订内容,对此真诚地致以感谢。

除了内容的修改,书中还增加了一些名人名言,这些名人名言也是经过多次反复的筛选,力求与文中内容的主旨相一致,以辅助小读者对内容的延伸理解。另外,增设了一个"识字角",用拆字谜的方法巧记部分文字,之所以增设这个栏目,主要的原因是为了从多角度增加书的趣味性,同时小小的宣传一下咱们中国的汉字,因为它们不仅美丽有趣而且蕴含着丰富的人生哲理,值得我们探究。

新编修改的工作琐碎而漫长,谢谢各位亲友一路上的帮助和支持,并祝大家身体安康、阖家祥福!末学学识浅薄,有修改不当的地方敬请读者朋友们批评指正,不胜感激!

图书在版编目（CIP）数据

弟子规：当代新编/凌小玲编著.—宁波：宁波出版社，2017.10
ISBN 978-7-5526-2994-1

Ⅰ.①弟… Ⅱ.①凌… Ⅲ.①古汉语-启蒙读物
Ⅳ.①H194.1

中国版本图书馆CIP数据核字(2017)第178296号

弟子规·当代新编

编　　著	凌小玲
出版发行	宁波出版社
	（宁波市甬江大道1号宁波书城8号楼6楼　315040）
	http://www.nbcbs.com
责任编辑	杨　满
责任校对	黄　薇　　李　强
装帧设计	金字斋
印　　刷	宁波白云印刷有限公司
开　　本	880毫米×1230毫米　1/32
印　　张	3.25
字　　数	100千字
版　　次	2017年10月第1版
印　　次	2017年10月第1次印刷
标准书号	ISBN 978-7-5526-2994-1
定　　价	20.00元

如出现缺页或倒装，影响阅读，请与印刷厂联系调换，电话：0574-83875165